DETERMINE
A CHILD'S LIFE

9—11岁，
决定孩子的一生

凌子谦 [著]

辽宁人民出版社

© 凌子谦　2016

图书在版编目（CIP）数据

9—11岁，决定孩子的一生 / 凌子谦著 . —沈阳：
辽宁人民出版社，2017.6
ISBN 978-7-205-09033-3

Ⅰ . ① 9… Ⅱ . ①凌… Ⅲ . ①家庭教育—少年读物
Ⅳ . ① G782

中国版本图书馆 CIP 数据核字（2017）第 116305 号

出版发行：辽宁人民出版社
地址：沈阳市和平区十一纬路 25 号　邮编：110003
电话：024-23284321（邮　购）　024-23284324（发行部）
传真：024-23284191（发行部）　024-23284304（办公室）
http://www.lnpph.com.cn
印　　刷：朝阳铁路印务有限公司
幅面尺寸：170mm×240mm
印　　张：11
字　　数：180 千字
出版时间：2017 年 6 月第 1 版
印刷时间：2017 年 6 月第 1 次印刷
责任编辑：陈　昊　冯　莹
封面设计：留白文化
版式设计：辽宁新华印务有限公司
责任校对：赵　晓
书　　号：ISBN 978-7-205-09033-3
定　　价：28.00 元

前　言

中国有句古话："3 岁看大，7 岁看老。"但实际上，真正能够决定孩子一生的，主要是在 9—11 岁这段时间，因为这个时期是孩子人生中极为重要的一个转折点。因此，父母在这个时期给予孩子什么样的教育，将会对孩子的一生产生深远的影响。

我们目前的家庭教育现状，可以说是十分令人担忧的。细心的父母们或许早就已经发现，当代的家庭教育已经开始从一个极端转向另一个极端了。以前，很多父母推崇"棍棒底下出孝子"的观点，所以大都采取"棍棒式"的粗暴教育方式，现在，虽然很多父母已经不再打骂孩子了，但另一种更为严重的现象出现了，那就是大多父母和长辈都过度地宠爱孩子，甚至将孩子推上"皇帝"的宝座，全家人都得围着孩子转，孩子要月亮，不敢给星星。这样做的结果是，孩子逐渐形成以自我为中心的意识，进而形成了一种畸形和变态的心理。于是乎，很多父母惊讶地发现，孩子在周围人全身心的呵护下，不但没有变得越来越乖、越来越懂事、越来越喜欢学习，而是开始变得任性、懒惰、骄横、自私、暴躁……此时，家长们才开始惊醒过来，才想起要好好地教育孩子，但却为时已晚。因为这个时候的孩子，基本上已经是小学高年级的学生了，劣性已经形成，不但不会再听父母的话，反而还会对父母指手画脚。父母只好把教育孩子的责任全部推给学校、推给老师，认为自己的孩子变坏是学校和老师的教育出了问题……

那么，教育孩子，到底是父母的事，还是学校和老师的事呢？我们不妨先来看这样一个现象。当一个人长大后在外面胡作非为、惹事生非，人们在指责他的时候，往往会说"这个孩子缺乏家教"，说得再难听点，就是"上梁不正下梁歪"，但绝对不会说幼儿园的阿姨没有教好，不会说小学的老师没有教好，因为谁都知道"有其父必有其子，有其母必有其女"这个道理。所以，孩子有没有出息，主要取决于家庭教育。

那么，为什么说9—11岁决定孩子的一生呢？因为这个阶段正好是"儿童时期"的后段，其大脑发育正好处在内部结构和功能完善的关键期，随着孩子大脑逐渐发育成熟，他的思维也将由具体形象思维向抽象逻辑思维过渡，这是一个由量变到质变的飞跃过程。这个时期的孩子，注意力将明显提高，记忆力、理解力、思维力、表达力等方面也都快速发展。

更为重要的是，这个时期的孩子是最容易受到父母影响的。父母的一举一动、一言一行，都将成为孩子模仿的对象。对于这一点，古人其实也看得比我们更清楚。在《周易·家人卦》中，就有这样一句话："君子以言有物，而行有恒。"意思是说，作为父母，要在言行方面为孩子树立起一个良好的榜样——说话要有根据，做事要有恒心。这一点应该说是教育孩子的一个总纲领、总原则。我们可以试想一下，如果父母一边打麻将，一边催促孩子去学习，那孩子当然不会听父母的话，因为他们会觉得父母可以玩，他们当然也可以玩。

黎巴嫩诗人纪伯伦曾经说过："如果父母是张弓，孩子就是搭在弓上的箭。"的确，孩子将来成就如何，"射"向哪里，无疑将受父母这张"弓"的影响。

实际上，每个孩子都有很强的可塑性，孩子的成长，离不开正确的指引。如果孩子从小缺少正确的人生观和价值观教育，他就不可能知道奋斗和努力对于自己的意义，如果他的心中没有明确的目标，他是没有任何动力的。

父母是孩子的第一任老师，也是孩子终生的老师。孩子要想健康成长，除了需要营养丰富的食品、漂亮的衣服，还需要父母炽热而理智的爱、饱满而健康的感情，更需要知识和品德的养分。所以，如何在这个关键的时期，给予孩子所需要的东西，是父母能否成功的关键。

当然，家庭教育既没有我们想象中那么容易，也没有想象中那么难！不要羡慕别人的孩子是多么的聪明，因为你的孩子本身也是天才；不要说别人的教育方法是多么高明，因为你本身也是当仁不让的教育家！关键在于你愿不愿意坐下来，和孩子聊聊天，了解孩子的内心世界，用你的正能量去引导孩子。

让我们在繁忙的工作之余，静下心来翻翻这本书吧，相信你一定能够从中找到一些既简单而又行之有效的方法！若能如此，则孩子甚幸，家庭甚幸，国家甚幸。

目　录

第三章　考试高手必须掌握的五个环节 ………… 030

第一章

9—11岁， 培养孩子良好的学习习惯

9—11岁，是一个很微妙的年龄，因为这个时候的孩子，大多都有了一定的"是非观"，他们已经开始知道什么是"对"的，什么是"错"的。所谓的"对错"，他们往往也会有一个先入为主的概念，这个概念往往也会陪伴他们的一生，而这个时候养成的习惯，也将陪伴他们的一生。

告诉孩子， 他很棒

我们经常可以看到这样一种情况：有的孩子平时很努力，别的科目学习成绩都不错，但某一科的学习成绩却始终难以提高。这是为什么呢？有的人可能会说这孩子脑子不够聪明，但如果真是脑子不聪明的话，其他的科目他为什么能够学好呢？难道，是这门功课太难了吗？

心理学家对此进行了研究，结果发现，并不是因为脑子笨或某一门功课特别难的原因，而是由于有的孩子自认为学不好这些功课。试想一下，在这种不良心理暗示的作用下，孩子对学习会采取主动的方式吗？当然不会。所以每次上这门课时，他除了等待下课铃声的响起之外，根本没什么事可干，他连学都没学，成绩又怎能好得了？

心理学家的研究结果已经明确地告诉我们，这些所谓"学不好的功课"其实只是自己吓唬自己而已。在心理学里把这种情况称为"消极心理暗示"。

那怎么办？办法当然有，而且很多。重要的是必须让孩子采取积极的心态，变被动为主动，只要能做到这一点，这种消极的心理暗示便会不攻自破。最好的办法是，每天清晨，让孩子面向窗外大喊几声："我能行！我是最

棒的!"或者面对镜子中的自己，大声唤着自己的名字说："你一定能行! 你是最棒的!"也可以经常在心里坚定地对自己说："没有人比我聪明，我并不比别人笨。他们能学好这门课，我也行!"然后找出自己那些致命的弱点，对症下药，你很快就会发现，横在孩子面前的那只"纸老虎"原来竟是那样的不堪一击。

这种反复强调的道理虽然看似简单，却是妙用无穷，可以在孩子的心中产生一种直接的暗示，并使之逐渐渗透于内心，引起心灵强烈的共鸣，从而让孩子获得一往无前的勇气和必胜的信心。事实也一定会证明：你的孩子真的很棒!

与其攀比，不如自比

在学校里，那么多孩子在一起学习，竞争是不可避免的。由于种种原因，每个人的学习情况是有些差异的，尤其是每次考试之后，总会有的孩子考试分数高一些，有的低一些，大家都会有意无意地彼此比比分数。实际上，这种比法对于孩子的学习不但没有任何的帮助，反而还会产生消极的影响。为什么呢? 因为如果他和分数高的同学比，就会容易灰心丧气，产生自卑心理; 与分数低的同学比，又会沾沾自喜，容易产生骄傲情绪。

实际上，每个人的环境、条件、能力各不相同，盲目地"比"，势必会让孩子作茧自缚，不仅无益，反而有害。

要想让孩子不断地进步，关键并不是和别人比，而是要和自己比。因为和自己"比"，有益于将注意力集中在解决的问题上，有利于总结经验，吸取教训。例如，某次考试得了 92 分，想一想为什么没有得到满分，那 8 分是怎样丢掉的呢? 为什么，今后应该怎样做? 这样做肯定会比和别人比分数更有意义得多。

而且，让孩子和自己"比"，可以更清楚地看出他的进步。比如，第一次考试得了 80 分，经过努力，第二次得了 85 分。也许与别人比算不了什么，但与自己比，他确实已经进步了。只要这样一点一点地去超越自己，还怕战胜不了别人吗?

所以，孩子的对手不是别人，正是他自己呀!

遇见心想事成的自己

我们常常会听到这样一句祝福的话："心想事成!"其实，"心想事成"并不仅仅是一句美好的祝愿，而是一种科学的依据。

人的心理暗示的力量是无穷的。如果心理暗示朝向正面，你就会被它引导而逐渐走向成功。相反，如果心理暗示朝向反面，你就会走向失败边缘。"将自己看成优等生，你就一定能成为优等生"，"想着失败你就无法成功"……这是心理学家揭示出来的"心想事成"的秘密。

将自己看成优等生，孩子必然会在言行上向优等生看齐。时间一长，习惯成自然，必然会影响到自己的心态和行动。渐渐地，他便会掌握了优等生的学习方法，养成了优等生的良好习惯，从而产生了不可思议的变化。最后，心想事成，他理所当然就成为优等生了。每个孩子的潜力都是无穷的，积极的心态会让孩子挖掘出无穷的潜力，相反，消极的心态会埋没掉孩子的很多智慧。

有的孩子碰到问题时总习惯于说"不会"，结果他就真的解决不了这个问题。同样，在考场上面对考题，他如果这么想："哎呀，这么难! 我肯定考不好。"这样一来，他的考试成绩自然就好不了了，因为反面的心理暗示已经影响到他潜在的智慧和力量的发挥。

所以，不管在任何情况下，一定不要让孩子先打垮了自己，不要让反面的心理暗示束缚他的手脚。让孩子坚信自己一定能成功，坚信自己一定能解决难题，那么他就一定会心想事成!

错了没有关系，　改过来就好

在现实的学习和工作中，每个人都会有失误的时候，连作为父母或老师的我们都会出现失误，对于心智的发展还不够成熟的孩子来说，出现失误就更是在所难免了。如果孩子在失败后，一味地夸大失误，只会让他产生更大的挫折感和自卑心理，使他精神颓废，陷入恶性循环。

当孩子偶尔失败，或者连续几次遭到失败的时候，作为父母，千万不要为此而惊惶失措。虽然失败总会有失败的原因，但绝对不是因为孩子太笨或者脑子不够聪明造成的，因为再聪明的人也会有失败的时候，而且他们失败的次数并不比你的孩子少。父母需要做的，就是尽快使自己冷静下来，帮助孩子寻找失误的原因。比如，孩子数学考试考得不好，很多本来会的题竟然做错了，那么，这就是很明显的失误。接下来就可以让孩子寻找其中的原因，是计算错误了呢？还是由于粗心看错了题？只要找到了原因，吸取了教训，下次孩子就不会再犯同样的错了。如果他还犯同样的错误，那么可能是他没有把心思完全放在学习上面，而不是他脑子不行。还有一种可能是孩子在考试的时候太紧张，只要告诉他下次考试的时候注意放松点，慢慢的这种"恐考症"自然就不治而愈了。

所以，千万不要一味地夸大孩子的失误，也不要责备孩子，过分强调与之相关的某种缺点。例如，"你总是这么慌张""你每次都很粗心"等，那些带有否定性的"总是""每次"会把孩子的"自我暗示"引向负面，让孩子越来越不自信。因此，当孩子在考试的过程中出现失误时，父母应该告诉他："这只是偶然的"，"相信你下次一定考得更好"，等等。这样才能使"自我暗示"朝向正面发展，使孩子下次不再犯同样的错误。

好习惯，从现在开始

《周易·家人卦》说："蒙以养正，圣功也。"意思是说，让孩子养成良好的习惯，这是圣人的功劳。英国著名学者培根也说过："习惯是一种顽强而又强大的力量，它可以主宰人生！"的确，好习惯可以使孩子一生受益，而坏习惯会贻误孩子的终生。一个合格的家长应该是孩子良好习惯的设计者，因为孩子尚未建立自己的心理定式，这个时期是最容易培养习惯的阶段。

下面几点是我们总结出来的培养孩子养成良好习惯的方法，相信对您一定会有很好的帮助。

1. 从小事做起

古人有一句名言："勿以善小而不为，勿以恶小而为之。"要养成良好的学习习惯，家长必须让孩子从点滴小事做起。例如，今日事今日毕，按时交作业，家长要抓住不放，持之以恒，一抓到底。经过长期训练，孩子便会养成好习惯。值得一提的是，在培养孩子习惯时，切忌要求过多，全面开花。这样做的结果，往往一事无成——循环往复地提要求，没有一个要求落到实处，倒有可能养成一些不良习惯。所以，家长一定要循序渐进，抓一项，坚持不懈地培养一个好习惯。日积月累，逐步帮助孩子养成各种良好的学习习惯。

2. 以身作则，创造良好的学习环境

对待孩子的学习，有的父母往往说得多，做得少，要求孩子学习专心致志，精力集中，却不能严格要求自己做出榜样，经常在家打麻将、打牌、玩游戏机、看电视，等等。可以肯定地说，这种环境下成长的孩子除非他自身有极强的意志力或是对学习有极大的兴趣，否则是不可能养成良好的学习习惯的。要求孩子做到的，家长首先要做好，喊破嗓子不如做出样子，家长要以身示范，做个学习型的父母。在潜移默化中影响孩子，进而培养孩子良好的学习习惯。

3. 严格要求，反复训练

任何习惯必定需要训练乃至强化，对于孩子尤其需要规范其行为，才会培养出良好的习惯。学习习惯的养成与改变，在取得彻底胜利之前，不能有丝毫懈怠。一直要坚持到坏习惯土崩瓦解、好习惯根深蒂固为止。

4. 培养孩子良好的学习心态

孩子学习的过程是艰苦的，但有苦也有乐。当孩子自觉性比较好的时候，应给予充分的肯定和鼓励，当孩子取得每一点进步时应及时表扬，让孩子感到受到重视，良好的习惯应该是个自觉的行为。当孩子自觉性比较差的时候，应严肃批评，帮助他改正缺点，张扬个性、奋发向上。

只要父母根据孩子的心理特点，采取有针对性的方法，不采取极端或粗暴的方式，就能帮助孩子养成良好的学习习惯。

兴趣，是这样激发出来的

爱因斯坦曾说过："兴趣和爱好是最好的老师。"很多对学习没有兴趣的孩子，一拿起书就会产生不愉快的情绪，甚至厌烦、恐惧，从而影响了聪明智慧的发挥，导致学习效率低下，甚至没有产生任何的效率。

作为父母，首先要告诉孩子，让他知道学习是他的职责，在不能改变课程安排的情况下，只能改变对待学习的态度。只要孩子对学习的态度一改变，那学习对他来说就不是一件痛苦的事，而是一件快乐的事了。

戴尔·卡耐基有句名言："假如你假装对工作感兴趣，那么这种态度会使兴趣变成真的，并且消除疲劳。"其实，这种经验也可以很好地应用在培养孩子学习的兴趣上。比如，孩子对某一门课或对学习不感兴趣，父母可以让他假装对这门功课感兴趣，并坚持训练下去，必定会有很好的效果。

在孩子开始学习自己不喜欢的课程前，父母可以提醒孩子，让他面带微笑，并要从心底里愉悦起来，保持一种快乐感，然后对着课本大声说："数学，我非常喜欢你！""可爱的语文，我对你充满了兴趣"或者"英语，你真有趣，我一定能学好你！"只要每天坚持这样做，一段时间之后，你就会发现，孩子对于不喜欢的科目的排斥感就会渐渐地消除。天长日久，这种"假兴趣"也会变成了"真兴趣"，进而转化为深入学习的动力。这时，你就会惊喜地发现，原来孩子并不那么讨厌学习，也并不那么害怕考试。

当孩子讨厌某个科目时

每个孩子都不可避免地不喜欢，甚至讨厌某些科目，所以当他们做这些科目的作业时，自然也是不情愿、不愉快的。但作业终归还是要做，只是逼着自己去做不喜欢做的事，不仅效率不高，而且还会觉得非常的痛苦。久而久之，孩子对那些不喜欢的科目就更是深恶痛绝了，导致当他们看到这门课的课本时，就会不自觉地感到头痛、困乏。

怎么办呢？其实，碰到孩子不感兴趣的科目，父母可以让孩子从最简单的题目和最容易理解的知识学起。因为，那些孩子不感兴趣的科目，本身并不难学，里面的一些习题也并非都是难题，只是由于他讨厌这门功课，所以即使很容易的问题，在他看来也会变得非常困难了。这就好比玩电子游戏一样，对于孩子来说，当然非常的容易，但对于一些父母来说，就会觉得非常的困难，原因很简单，因为孩子对电子游戏非常有兴趣，而父母们恰恰相反，所以玩起来当然就感到非常困难了。如果父母们愿意从最简单的游戏玩起，肯定也能很快地学会，很快对此产生兴趣。

因此，只要让孩子先把那些简单的知识攻克了，剩下的问题也就不难了。这样，孩子对学习的态度就会渐渐转变过来，对于曾经讨厌的科目也会渐渐喜欢起来了。

计划，一定要明确

小华吃完晚饭后，就一直在电视机前坐着不动，在父母的催促下，他才懒懒地起身步入书房，在书桌前坐下。看着书架上密密麻麻的参考书和课外读物，却一时不知道该看哪一本才好。于是他随手抽出一本来翻翻，好像没什么重要的内容，又换了几本，却总是定不下心来。这时，小华突然想起下周要进行语文课测验，还是赶紧准备一下吧！有了一点考试压力，小华终于决定要看什么书了。然而，没想到才刚进入状态，又听到外边的电视正在播放《喜洋洋与灰太狼》动画片。"唉，算了，明天再说吧！"叹完一口气后，小华便悄悄地走出书房，聚精会神地看起了电视。

小华的例子，相信大家并不陌生，甚至就是你我的亲身经历。之所以这样，往往是缺乏学习计划造成的。作为父母，我们应该怎样帮助孩子制订学习计划呢？其实，制订学习计划也没有什么固定的格式。但是，有一些要点必须掌握，只有掌握了这些要点，才能帮助孩子制订出一份可行的学习计划。

一般情况下，一份好的学习计划至少要具备以下四个特点：

1. 针对性强

在制订学习计划之前，应充分了解孩子的实际情况，认真比较孩子各门功课的学习水平。例如，孩子的数学成绩不错，语文成绩相对差一些。那么在帮助孩子制订学习计划的时候，就应该给语文学习多分配一些时间，把孩子的弱项补救过来，使孩子各科的学习成绩尽量保持在一个比较平衡的位置。

2. 时间安排应尽量具体

帮助孩子制订学习计划，可以说是越具体越好，甚至可以具体到什么时候做什么事，每件事要花多少时间。当然，父母可以让孩子自己先制订一份计划，然后再根据实际情况帮助孩子修改。毕竟孩子刚开始学习制订计划时，缺乏经验，所以往往只注重形式而没有可行性。这时，父母就可以帮助孩子及时调整，将时间安排得更合理。

3. 目标明确，但要适量

父母在帮助孩子制订计划的时候，可以说目标越明确，越有利于让孩子看清学习的方向。所以，千万不要简单地列出"要提高学习成绩""要争取进步"等笼统的语句，应该把任务量化、具体化。例如，有一位妈妈在帮孩子制订的学习计划中提出这样两个目标：①英语学习分成两个部分，一是听慢速英语磁带，提高朗读水平和听力；二是每天至少熟记五个英语单词。②阅读三到四本课外科学读物，并做好阅读笔记，以达到扩大知识面、提高眼界的目标。

这样的目标，可以说是既明确又便于执行。当然，需要注意的一点是，在计划中孩子提出的目标要适中。也就是说，要切合孩子的实际情况，切勿好高骛远，以免孩子无法达到目标导致气馁、丧失信心。

4. 周期宜短不宜长

计划周期最好不要太长，否则孩子会觉得难以把握。作为刚刚开始学习制订计划的小学生，可以以一星期为单位，为孩子安排好每天的学习内容和相应的玩耍时间。每一星期的计划实施完成后，经过检验孩子的完成情况，再拟订下一星期的计划，千万不要做"百年大计"的打算，否则即使计划定得再漂亮，恐怕也很难有实现的机会。

如果是制订紧急备战考试的计划，则可以将计划分为两个不同的阶段，先为第一阶段制订计划，完成之后再根据实际情况制订下一阶段的学习计划。

执行才是关键

很多父母都有这样的体会，那就是帮助孩子制订计划容易，让孩子执行计划难。常常是父母和孩子一起兴高采烈地制订出一个很好的计划，但过不了两天就执行不下去了。本来很好的一份计划就这样被束之高阁。

那么，父母应该怎样督促孩子执行学习计划呢？要做到这一点，首先要遵循以下两个原则。

1. 今日事今日毕

很多父母都碰到过这样的情况：计划当日让孩子完成的事情往往无法完成，于是拖至第二日，结果第二日任务加重，更无法顺利完成，于是又继续往后拖。今天推明天，明天推后天，长此下去，每天该做的事情都完成不好。拖到后来，连补做的想法都没有了。计划的目标达不到，时间却白白浪费。所以坚持让孩子把当天的事情做完，是完成计划的第一个步骤。

事实上，"今日事"无法"今日毕"的原因主要有两个：一是计划规定的任务过重，超出了孩子的实际能力；二是孩子缺乏毅力，自我约束能力不够强，随便更改计划，在规定的时间内开了小差，导致要完成的事情被耽搁。

如果是第一个原因，父母可以根据孩子的实际情况重新修改一下计划，量力而行，切勿贪多。因为学习是一个循序渐进的过程，不是靠短短的几天时间就能突飞猛进的。

如果是第二个原因，那就要从孩子的身上入手。孩子毕竟是孩子，只要一受到干扰，往往就会找到不学习的理由。所以，父母必须履行督促的职责，让孩子把心收回来，在该学习的时间里，把精力全部用在学习上面。直到孩子把执行计划当成习惯为止。

2. 保持一定的灵活性

当孩子开始按照预先制订的计划进行学习时，有时也会由于某些特殊情况的出现，影响了计划的实施。比如，计划中规定，每天晚饭后7点开始预习第二天的功课。但是，某一天，作为父母的你，下班回家晚了点，7点钟才开始做饭，这时候该怎么办呢？是不是让孩子等自己把饭做好，吃完之后再开始学习？其实，这个时候就可以变通一下了，那就是让孩子提前预习功课，把吃晚饭的时间往后推。这样，孩子的学习任务就顺利地完成了，只不过是把先后顺序变换了一下而已。

又比如，孩子给自己定下的学习任务是每天背10个英语单词。但是，有一天，老师留的作业难度较大，花费的时间太多，做完作业已经很晚，已经没有时间再背英语单词了。这时该怎么办呢？如果对于孩子来说，背英语单词的任务很重要，那就不妨让孩子把这10个英语单词的背记任务转到第二天，并从第二天的计划中删去最不重要的一项活动。这样，孩子无论从学习时间上，还是从学习成果上看，都是很合算的。

第二章

再不读书就晚了

一提起读书，很多人便自然而然地想起自己当年背着书包上学的样子，而自己的孩子也已经像当年的自己一样，背着书包走进了学校。孩子不是已经上学了吗？为什么还说再不读书就晚了呢？然而，我们不妨问一下，我们当年上学是真的在读书吗？包括那些硕士、博士毕业的所谓知识分子，他们又读了几本书？其实，我们当年所谓的读书，并不是为了获得知识，也不是为了增长智慧，而仅仅是为了得到一个让父母和老师都满意的数字而已。而今天的孩子，仍然在重复我们以前的做法，虽然在上学，却仍然无书可读。所以，不能再耽误孩子了，让孩子在最好的年龄，多读一些有用的书吧！

不要让你的主观意识阻碍孩子的进步

在北京师范大学一位知名儿童教育专家举办的座谈会上，一位妈妈问道："我很想培养孩子阅读的能力，他现在已经上五年级了，对读书却提不起兴趣，请问我该怎么办？"专家反问道："你家孩子多大了呢？"母亲回答道："11岁了。""唉，可惜呀，你已经错过了培养孩子阅读的最佳时期！"专家说："不过也没关系，只要你好好听我们的讲座，补救的方法还是有的。"

上面这位妈妈提出的问题，或许也是很多年轻父母心中的困惑吧。很多年轻的父母就是这样，在最适合培养孩子阅读能力的时候，却白白地错过了最佳的时机，这实在是非常可惜的。

那么，到底是什么原因，让这些父母错过了培养孩子阅读的能力呢？

1. 阅读会影响孩子玩游戏

很多年轻的父母认为，对于年幼的孩子来说，根本不需要刻意去培养他的什么技能，只要让他尽情地玩游戏就可以了，因为孩子的主要任务就是玩耍。这样，孩子才能度过他最美好的童年。的确，玩确实是每一个孩子的天性。作为父母，我们也不应该扼杀孩子的这种天性。但是，我们应该知道，阅读本身也是游戏的一种。那么，为什么很多父母还认为让孩子阅读会影响孩子玩游戏呢？原因是很多父母认为，阅读的目的就是要让孩子识字，就是为了学习。其实，这是一个很片面的看法。因为所谓的"学会阅读"，指的就是让孩子体验到阅读所带来的身心快乐，跟识字没有关系，跟学习也没有关系。如果父母能够为孩子创造一个轻松、和谐的阅读氛围，并强调分享阅读不以识字和学习为主要目的，这样，孩子自然就会把阅读和一切愉快的情绪体验联系起来，甚至把阅读和游戏结合起来，这不就是一举两得了吗？

2. 过于溺爱孩子

很多父母一提起阅读，自然就会想到学习，而一想到学习，自然就会想到"头悬梁，锥刺股"的故事和"学海无涯苦作舟"的名言。于是，阅读是一件苦差事的观念就这样深植于很多父母的心中了。而对于将孩子视为掌上明珠的父母来说，恨不得"三千宠爱在一身"，怎么还舍得让孩子过早地去承受这份"痛苦"呢？更何况鲁迅先生也说过："无情未必真豪杰，怜子如何不丈夫。"于是乎，很多父母便决定将溺爱进行到底，对自己的孩子，就是要狠狠地爱。然而，正所谓过犹不及，物极必反，父母对孩子的这种溺爱，不但错过了培养孩子学习阅读的最佳时期，而且孩子也不会领父母的这份情。到那时再后悔，则为时晚矣！其实，父母完全可以把阅读当作是一种亲子游戏活动，而不是一种教育行为。这样，阅读便不再是一件苦差事，而是一件充满快乐和愉悦的事。

3. 不相信孩子有阅读能力

"我的孩子现在连字都认不得几个，怎么可能会阅读？根本就没办法教嘛！"这应该是很多父母心中最大的困惑吧！其实，阅读作为一种经过后天学习而掌握的能力，是需要经过多次反复的练习和实践才能够达到的。因此，不管是否识字，认得多少个字，只要父母有意识地让孩子接触阅读、了解阅读，自然就会激发出孩子对阅读的好奇心。一旦孩子对阅读产生好奇心，自然就会喜欢上阅读，并愿意阅读，从而慢慢地学会真正的阅读。

专家建议掌握好培养孩子阅读的最佳时机，不但可以让孩子尽快地学会阅读，而且还是促进孩子素质全面发展的关键一环。因此，为了使孩子轻松学会阅读，父母应该抓住机会，尽早地对孩子进行早期阅读的培养，让孩子参加一些与阅读有关的活动。一般情况下，在9岁之前开始培养孩子学习阅读效果最好，9岁之后效果也不错，但如果上初中以后再培养孩子阅读，效果就比较差了。总之，让孩子越早学会阅读，对孩子就越有好处，而且还可以让孩子感受到更多的快乐，在轻松、愉悦中成为令人羡慕的"神童"。

细节决定孩子阅读效果

一位年轻的妈妈听完儿童教育专家关于早期阅读的报告后，向专家咨询道："虽然早期阅读对孩子成长非常重要，可是我的孩子现在只有10岁，刚上小学四年级，她能看哪些书呢？他又能看懂什么书？"

这位妈妈的问题，应该也是很多年轻的父母们心中的问题吧！确实，对于10岁左右的孩子来说，他们应该读哪些书呢？他们能读懂书中的内容吗？针对这些问题，专家的回答很干脆：孩子在学习阅读的过程中，读的并非完全意义上的"书"，而是包含与阅读活动有关的所有内容。

其实，父母借助图书与孩子交流的过程，恰恰是孩子阅读的过程。在这个过程中，孩子不仅能够在书中认出他早已熟悉的东西，还能看到在现实生活中很少看到的事物，扩大知识面。另外，父母的言行、阅读的氛围、书中的故事，会带给孩子不同寻常的感受，让他领略到语言的魅力和阅读的奇妙，从而提高个人的语言理解能力以及思维能力。

总体来说，培养孩子阅读应该包括以下几个方面的内容：

1. 内容丰富的图画书

受孩子的认识水平所限，他们需要的读物应该具有形象性、生动性和意义性，所以，图画书是他们的首选。图画书由文字和图画两种符号构成，既是书面语言的载体，又含有丰富的图画内容，图文并茂、形象生动，符合孩子的阅读要求。

另外，各种画报、幼儿杂志也是孩子阅读的合适材料。

2. 非图书类阅读

孩子的早期阅读不应该仅仅停留在"看书"上，而是要尽量扩大孩子的阅读范围和视野。比如，当父母和孩子一起外出，见到电影院的海报，马路边的路标、广告牌，街道的门牌时，父母可以停下来跟孩子一起阅读。还有，家里的相册、各种儿童用品宣传单，也可以成为孩子接触文字和阅读的窗口。专家认为，凡是幼年时期对"广义阅读"感兴趣的孩子，长大后自然也会喜欢阅读。

3. 有利于阅读的环境

既然早期阅读内容不仅在书本，还包括与阅读有关的其他活动，那么孩子阅读的环境就显得尤为重要。所以，父母应该为孩子提供包含较多阅读信息的教育环境，利用一切场所、时机，让孩子时时刻刻感受到书面语言的影响，丰富阅读内容，在不知不觉中接受有关阅读的知识。比如，父母养成读书读报的习惯，形成一定的书香氛围；为孩子布置一个好玩的书架，并且经常变换书架的位置，让孩子产生兴趣；让孩子从书中寻找特别喜欢的玩具或者动物，收集相关的文字信息；等等。凡此种种，都是为了丰富环境当中有关阅读的信息量，让孩子在潜移默化中感受阅读，获得阅读带来的知识和快乐。

4. 与图书进行亲密的接触

与图书进行亲密的接触是孩子阅读的内容之一，包括以下几个方面：

①能够读懂图书内容。孩子学会看画面，并从中认识不同的事物，发现不同的人物表情、动作、相关背景，根据这些内容能够理解故事情节。

②能够将书面语言与口语有机结合。孩子能够用口语表达图书内容，听到图书上的书面语言时，说明他了解书上讲的是什么内容。

③编纂故事、制作图书。孩子8岁以后，一般都能够编纂情节简单的小故事，而且乐于讲述出来；同时，他也知道图书是怎样制造的，他知道好听的故事是作家用文字写出来的，好看的图画是画家用画表现出来的。如果可能，他会尝试着画出自己的愿望。

5. 一定的识字量

①认识一些常见的字。阅读可以丰富孩子的识字量，让孩子轻松掌握一些常见的中文。

②初步了解文字的意义和功能。通过阅读，孩子会知道文字是有具体意义的东西，能够代表不同的事物甚至感受，所以，孩子会乐于认识字，并且大声念出来，与口语或者相关物体作对照。随着认识加深，他还会进一步明白文字的功能。

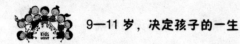

③掌握一定的识字规律。早期阅读的经验告诉孩子，文字之间具有一定的构成规律，如果把握这些规则，就会更轻松地认识更多的字。比如，他看到"火"字旁时，会联想起与火有关的事物。

可见，早期阅读的内容比较广泛，孩子需要"读"的东西非常多，也非常简单易行，只要给他们适当引导，每位孩子都会轻松接触阅读，喜欢阅读，并且成为阅读高手。

孩子阅读是一个广泛的活动，除了阅读图书外，更多的是接触与阅读有关的环境和事物，从而逐渐了解阅读，学习正确的阅读方法，形成良好的阅读习惯。

读书的兴趣是可以培养的

在北京图书馆举办的一次儿童阅读讲座上，一位儿童阅读专家以自身为例，讲述他在培养自己孩子阅读的过程中，如何帮助孩子抵制电视诱惑、提高阅读兴趣的经验。他说："每天下班后，我和孩子的妈妈都很少看电视，而是在书房里看书。我们的孩子则在一旁安静地翻阅图画书和报纸。有时候，孩子遇到问题，就会主动向我们提问。每当这时，我们总是给予耐心细致的回答，日久天长，孩子的阅读兴趣大增，上幼儿园时已经看懂很多图书了。孩子每日畅游在丰富多彩的故事世界里，学习到各种各样的知识，因此他的生活变得充实而有乐趣。"

的确，兴趣是一切活动的基础，而兴趣是可以培养的。如果你的孩子不喜欢读书，也是很正常的，因为没有哪个孩子一出生就喜欢读书。但是，我们可以通过培养，让孩子对阅读产生兴趣，并爱上阅读。那么，父母们如何在日常生活中培养孩子的阅读兴趣呢？下面的这些方法相信会对年轻的父母有所帮助。

1. 从孩子感兴趣的图书入手

可以从一首儿歌或者一个简单的故事开始，只要孩子喜欢，不妨多读几遍，让孩子充分感受到阅读的乐趣和图书的价值。

2. 与孩子谈论图书里的故事

父母在给孩子读完故事书之后，应该鼓励孩子对书中的故事和人物进行评价。这样，不但可以提高孩子的阅读兴趣，还可以帮助孩子熟练使用词汇，锻炼语言能力。

3. 让孩子品尝到成功的乐趣

一般来说，阅读内容应该由简到繁，这样可以让孩子比较容易接触阅读，了解阅读的内容，并从中获得读书的乐趣和成就感。比如，当我们教给孩子一些简单的儿歌，孩子可以很快就把儿歌复述出来时，我们就要给予及时的鼓励。这样，孩子一定会为自己取得的成功而感到自豪，并对阅读产生足够的信心。

4. 不断刺激孩子的好奇心和求知欲

当孩子提出问题时，不管是多么简单和幼稚的问题，父母都要认真地对待，对孩子能够发现问题给予肯定和鼓励。当然，在帮助孩子寻找答案的时候，可以适当地进行反问，启发孩子主动思考，并提示孩子，他所提出的一些问题中，很多都可以从图书里找到答案。

5. 不要强迫孩子阅读

任何情况下，父母都不要采取强迫的手段让孩子阅读。因为强迫会让孩子感到压抑，变得焦虑，并对孩子的自尊心造成伤害。即使孩子迫于父母的威严，暂时顺从父母的要求，但时间一长，孩子自然就会厌倦这种环境，进而对阅读产生抵触情绪。

6. 父母要以身作则

我们都知道，榜样的力量是无穷的。父母给孩子树立起什么样的榜样，将决定孩子什么样的思想和行为。因此，父母一定要时时处处以身作则，为孩子树立起良好的榜样。如果父母每天都抽出一些时间来阅读，孩子自然就会渐渐地喜欢上读书。相反，如果父母每天只知道看电视和玩电子游戏，那么孩子自然也会成为电视迷和游戏迷。

7. 灵活利用电视与电脑

随着孩子一天天地长大，他对周围环境的关注也会越来越多，越来越投入，不再仅仅满足于只看几本图画书了。比如，集画面、图像、视听、动感连贯于一体的电视节目，总是让孩子深深地着迷；而集趣味性与刺激性于一体的电子游戏，更是让孩子爱不释手……面对这些诱惑，孩子往往会把书本扔到一边去。对此，很多年轻的父母不得不叹息："现在的孩子只喜欢看电视、玩游戏，哪有心思读书?"这样的无奈，恐怕是当今大多数父母不得不面对的吧!

毫无疑问，由于大众传媒的快速发展，电视、电脑等已经融入孩子的生活和心灵当中，并影响孩子的思想和行为。那么，在电视和电脑已经走进千家万户的今天，我们应该如何把电视、电脑与阅读结合起来，让这些现代媒体成为孩子阅读的好帮手呢？

①与孩子一起制订看电视计划

专家们经过调查发现，只要是家庭中一天到晚开着电视机的，孩子一定会坐在电视机前不愿离开，而每天花上 3 个小时看电视的孩子，根本不愿意看书。原因很简单，因为电视节目在传递信息的同时，也会给孩子带来强烈的感官刺激，其动感性和简捷性比图书更能吸引孩子。尤其是电视卡通，孩子们一看就懂，看得非常入迷。但是，我们也没有必要把电视看成是孩子阅读的大敌，相反，电视还可以帮助孩子阅读呢！比如，一些科普频道、动物乐园等电视节目，是比较适合孩子收看的，而且父母还可以把孩子在电视上看到的一些画面，用书本上的知识来给孩子做解释，这样就会使孩子在看电视的同时，仍然没有扔掉书本。当然，父母除了要给孩子选择一些合适的电视节目，还应该与孩子一起制订看电视的时间表，并按照时间表严格执行。一般情况下，9—11 岁的孩子每天看电视的时间应该限制在 40 分钟左右。

②让孩子明白电脑的真正用途

父母应该让孩子明白电脑的真正用途是什么。比如，让孩子明白，使用电脑可以查到一些相关的资料，可以找到一些漂亮的图片，可以给其他的小朋友写信，等等。同时，父母自己也不要整天沉迷于电脑游戏，因为这样做无疑是在告诉孩子，电脑游戏比什么都好玩。

孩子对阅读的兴趣是他学习阅读的关键。同样的道理，孩子对电视节目和电脑游戏的兴趣，也是孩子沉迷于电视节目和电脑游戏的关键。因此，父母应该充分认识到电视和电脑对孩子阅读的冲击性，同时也应该明白电视与电脑对孩子阅读的辅助性。在培养孩子阅读兴趣的同时，有意识地把电视、电脑与孩子的阅读结合起来，让孩子的阅读更轻松、更有趣。同时，父母还应该积极留意孩子在日常生活中的各种爱好和特点。这样，自然就会找到提高孩子阅读兴趣的突破口。

让孩子感受到阅读的快乐

记得我们还很小的时候，都曾有过这样的经历，那就是当我们几个孩子正玩得很开心时，老师却突然向我们喊道："小朋友们，读书的时间到了，我们一起读书吧！"这时，会有其中的一两个小朋友迅速地跑过去，还有一些小朋友跟在后面，但其他的几个小朋友则慢吞吞地走着，似乎对读书并没有什么感觉，只是迫于老师的威严才不得不屈从。

可以说，上面的这些场面是很多老师和父母都比较熟悉的。为什么有的孩子喜欢读书，而有的孩子却讨厌读书呢？原因很简单，孩子喜不喜欢读书，与他们是否能够从阅读中感受到快乐有着直接的关系。

身为父母应该怎样做，才能让孩子体验到阅读带来的各种快乐呢？下面的这些方法，相信会对年轻的父母们有所帮助。

1. 有声阅读和图像阅读相结合

声音可以刺激孩子的听力、图像可以刺激孩子的视力，作为一种纯粹的感官刺激，是孩子在成长过程中必须接受的训练。另外，孩子喜欢玩书，如触摸、撕咬等，也会刺激孩子的运动神经和感觉神经，对于孩子的成长和感受阅读也具有积极的作用。

2. 让孩子多阅读故事书

那些浅显易懂、风趣幽默、情节丰富的故事书，一般都能够迅速抓住孩子的心灵，而且孩子往往会把自己当成故事中的主人公，为主人公的快乐而快乐，也为主人公的悲伤而悲伤。而一些优秀的故事还可以培养孩子从小养成关怀他人，富有同情心的高尚人格。因此，聪明的父母，一定要在家庭中准备几本故事书，以满足孩子阅读的需求。

3. 父母要多给孩子朗诵

当父母声情并茂、热情洋溢、不厌其烦地为孩子朗诵时，每一个优美的词语、每一个充满爱意的动作，都会让孩子感到美和爱的存在。在父母一遍遍地阅读中，孩子对图书产生出无限的想象力与向往。需要注意的是，父母在给孩子阅读的过程中，一定要保持愉快的心情，因为只有父母的心情愉悦，孩子才会感到欣慰，并很好地吸收自己听到和看到的内容。相反，如果父母心情比较烦躁的话，那么父母的这种情绪就会感染孩子，让孩子感到焦虑。这样一来，不管父母阅读多么有趣的内容，也不会让孩子感到快乐。

4. 经常变换阅读方法

一成不变的阅读方式往往会让孩子觉得枯燥乏味。因此，聪明的父母应该不断地变换阅读方式，如手指点读、表演阅读、游戏阅读等。通过不断变换阅读方式，对孩子进行不断的刺激，让孩子对阅读保持一种新鲜感。

5. 留意孩子的情绪变化

很多时候，孩子对同一则故事或者同一个阅读方法，会表现出不同的反应。这时，父母不要固执地坚持以前的做法，而是要分析原因，并及时调整阅读计划。因为对于年幼的孩子来说，对于一些问题的看法本来就不固定，因此在阅读的过程中，出现一些情绪波动也是在所难免的。关键是父母要学会从孩子一些微小的细节中，及时了解孩子的内心变化，给予孩子充分的理解，在必要的情况下可以立即停止阅读，而不是规定孩子要阅读多少时间才能停下来。

此外，每次阅读时，父母一定要保持愉快的心情，才可以陪孩子一起阅读，这是保证快乐阅读的前提。当然，父母也要注意孩子的情绪变化，及时调整阅读时间、地点、内容等，随时了解孩子对于阅读的各种感受，确保孩子在阅读的过程中能够感受到快乐。

如何帮助孩子选到真正的好书

豆豆的爸爸妈妈都是老师，只要听说或者看见什么新书，不管质量与内容如何，马上给豆豆买回来。时间一长，豆豆的房间里堆满各种花花绿绿的图书，简直就像个小图书馆。与同龄孩子相比，豆豆拥有的图书是最多的。为此，豆豆的爸爸不无骄傲地说："给孩子多买书，孩子就会多看书，阅读水平自然就会得到快速的提高。"豆豆的妈妈也满心期望豆豆能够多看书，从中吸收丰富的营养，扩大知识面。可是，豆豆的反应与爸爸妈妈的期盼却恰恰相反，豆豆不但不喜欢自己的图书，而且根本不热爱阅读。每当爸爸妈妈逼着她读书时，豆豆就非常反感，她还偷偷地损坏书籍，借此表达自己对阅读的厌恶情绪，以及对父母这种行为的反抗。

现在，孩子的图书种类繁多，许多年轻父母也像豆豆的爸爸妈妈一样，乐于给孩子买书，并且觉得书越多越好。在他们看来，图书和各种玩具一样，是孩子的"宠物"，给孩子多买书，可以满足孩子玩和阅读的愿望。但是，这些父母只知道一味地买书，却不了解图书的内容，甚至连图书的质量如何，心中也没底，当然也很少考虑到多大年龄的孩子应该看什么书了。

其实，正是父母这种盲目的购书行为，给孩子的阅读带来许多负面的影响。这些影响大致有以下几个方面：

1. 使孩子产生压抑感

过多的图书不但不能激发孩子的阅读热情，反而让他们对图书产生厌倦情绪。面对成堆的图书，孩子心里的第一反应往往是："这么多的图书，我什么时候能够看完呢？"而且，孩子往往迫于父母的压力，为了快速阅读，往往只是简单地翻阅一下，却不会认真地了解书中的内容和故事。

2. 使孩子失去阅读兴趣

相对而言，孩子多读一些书会让他的接触面增大，对增长知识有一定的作用。但是，孩子阅读不仅仅是为了增长知识，更为重要的是让孩子通过阅读促进智力发育。从这些方面来看，过多的图书对孩子不一定是好事。其实，选好一本书，就好像选好一位老师一样重要。许多实践都证明，让孩子快速地阅读完三本书，不如让他认真地读完一本书。这就像谈话一样，如果与一位充满智慧的人交谈，我们会产生"与君一席谈，胜读十年书"之感，但如果与几位见识低下的人交谈，我们会觉得非常败兴，甚至无法交谈下去。

3. 错失读好书的机会

由于孩子的鉴赏能力有限，因此不会从父母购买的书中选择对自己真正有益的图书，只能被迫接受父母的安排。这样，孩子花费大量的时间阅读，最后的结果往往是不但没有从图书中吸收营养，而且还错过读好书的机会。

4. 受到不良图书影响

我们都知道，孩子的分辨能力十分有限，不能正确地识别图书的良莠，容易受到不良图书的主导。比如，那些文字不清晰、语句不通顺、画面简单重复、宣扬暴力和迷信等图书，对孩子的阅读都是非常不利的。例如，现在流行的一些形象单一的计算机绘图书。在这些图书中，很多小动物（诸如小狗、小兔、小鸡、小鸭子）都是千篇一律的模样，大大的脑袋、圆圆的眼睛、红扑扑的脸蛋、胖嘟嘟的身子，就像从一个模子里刻出来的一样。而所有的这些，都是能够利用计算机绘制出来的，虽然不令人讨厌，可是读多了就会给孩子带来很恶劣的影响。因为单一的形象会阻碍孩子想象力的发展，他会以为小狗、小猫就是画中的样子，而且自己也一定要长得这样才可爱，才能讨得父母欢心。这就误导孩子对这个世界的正确认识。

另外，孩子从小接触到的艺术形象会直接影响到他今后对艺术的欣赏能力。

由此来看，为孩子购书不是一件小事，正如日本教育理论家木村久一在《早期教育和天才》一书中所说："在孩子的乐趣中，最重要的是读书。不过应特别注意书的选择，一个人喜好什么样的书，往往决定于他第一次读的是什么书，而且幼年时期读的书往往能左右这个人的一生。"

市场上的儿童读物有成千上万种，但书的质量参差不齐。好的图书让孩子受益无穷，劣质的图书也会阻碍孩子的成长。所以，父母在为孩子购书时，千万不要盲目大意。要懂得购书的知识，学会科学地挑选图书。

榜样的力量

小杰今年10岁，刚刚上四年级，同时也是一个调皮和喜欢捣蛋的孩子。父母早在小杰还在三四岁的时候，就开始对他进行早期阅读教育，刚开始时还收到一些效果，但随着小杰渐渐长大，他便开始远离书本，父母给他买回来的图书，不是被他扔掉，就是被他撕破。无奈之下，妈妈只好带着小杰找到专家，向专家询问小杰不喜欢读书的原因。专家了解相关情况后，便让小杰画出一幅画，描述一下他一家三口的日常生活。小杰很快就按照专家的意思完成一幅图画，内容是这样的：爸爸正在玩电脑游戏，妈妈坐在沙发上看电视，只有小杰一个人坐在书桌前，满脸愁苦地捧着一本书。

如果你也看了小杰的那幅画，相信你也会明白小杰为什么开始讨厌阅读了。为什么呢？前面我们已经提到过，只有在父母的引导下，孩子才能学会正确阅读，同样也只有在父母的陪伴下，孩子才能感受到阅读的快乐，才能将阅读坚持下去。而从小杰的那幅画中，我们看到他的爸爸迷上计算机游戏，妈妈则迷上看电视，却把小杰扔在一边不管。试想，在这样的环境中，有哪个孩子会喜欢阅读呢？有哪位孩子不讨厌读书呢？因此，当我们开始埋怨孩子不喜欢读书的时候，请先看看我们自己是怎么做的吧！

其实，我们都知道，父母是孩子的第一任老师。可以说，父母的言传身教对孩子的影响是深远的，甚至是一生的。那么，就让我们从自身做起吧，不管平常的工作有多忙，都要坚持每天抽出一点时间来，与孩子一起分享欢乐的阅读时光。相信在这样的书香氛围中，不但可以促进孩子的主动阅读，而且还可以让父母暂时放下工作上的压力和其他的烦恼，可谓是一举两得，何乐而不为呢？

1. 轻松阅读

只有轻松阅读，才能在阅读中得到快乐；也只有轻松阅读，才能在家庭中营造良好的书香氛围。同时，轻松阅读还可以迅速拉近孩子与父母的距离，找到更多的共同话题，拥有更多可以分享的感受。

怎样才能做到轻松阅读呢？首先，父母要放松心情，让自己变得快乐，不管你在工作上有多大的压力，也不管你在外面受到多大的委屈，只要你回到家里，面对自己的孩子时，一定要让自己放下一切的不快，给孩子一个灿烂的笑脸和关切的语言；其次，选择的阅读材料一定要轻松、有趣，而不是一些枯燥、沉重的数据；最后，一样要让周围保持安静，把电视、音响等全部关掉。这样，才能做到心无杂念地和孩子共享阅读所带来的和谐与欢乐。

2. 持之以恒

我们都知道，一个人偶尔做一两件好事并不难，难的是一辈子都做好事。同样的道理，父母们要偶尔抽出一些时间来阅读并不难，难的是每天都要抽出时间来阅读。正因如此，我们才更应该坚持到底，因为坚持下去只有一个结果，那就是你会养成每天阅读的良好习惯，孩子也会在潜移默化中越来越喜欢上阅读，快乐阅读，从而在家庭中形成浓厚的书香氛围。

当然，坚持到底并非像我们嘴上说的这么简单，它需要我们具备一定的毅力。为了让自己能够坚持每天阅读，父母可以根据自己的实际情况制订出一份阅读计划，并严格按照计划执行，让自己来监督自己，同时也可以让孩子来监督自己。等到你逐渐养成一种习惯之后，你会突然发现，自己已经越来越离不开阅读了。

另外，孩子往往会对父母的阅读行为着迷，他会装模作样地翻看报纸、浏览杂志，还会指点书上的某些图画和文字，等等。对于孩子的这些行为，父母千万不要阻止，并从中发现这是培养孩子阅读的机会，及时给予引导，让孩子参与到阅读中来，让阅读成为生活中最常见、最吸引孩子的事情。

所谓身教重于言传，这是亲子教育不变的定律和法则。作为父母，即便自己不喜欢阅读，但如果要培养孩子学习阅读，父母就应该以身作则，为孩子树立起一个榜样。这样，肯定要比一味苦口婆心的说教和监督要有用得多。

创造亲子共读的氛围

成成的爸爸妈妈都是知识分子，两个人都特别喜欢读书。每到周末，他们必做的一件事就是一起逛书店或去图书馆借书。当然，他们每次去书店或者图书馆时，都会把成成带上，去的次数多了，成成对书店的环境与氛围便渐渐地熟悉起来，同时对书店与图书馆产生一种特殊的感情。如果哪个周末父母有其他事情不能去逛书店，成成便会有一种莫名的失落感……

从这个例子来看，成成的爸爸妈妈可能并没有意识到，他们的行为，实际上已经在不知不觉中创造了一个亲子共读的时机，而这个亲子共读的时机恰恰来自于书店和图书馆的书香氛围。

在现实生活中，很多年轻的父母总是埋怨自己的孩子不喜欢读书，自己也不知道该如何创造亲子共读的时机。其实，只要我们用心，只要我们积极进取，只要我们真正地关爱孩子，生活中处处都是亲子共读的时机，处处都充满创造。

创造亲子共读的时机有很多方法，最主要和最常用的方法还是带孩子逛书店和在家庭中举办"读书会"。

1. 带孩子逛书店

在上述的例子中，成成的父母虽然并没有刻意要求孩子一定要在书店里选书、购书，但他们的实际行动已经明明白白地告诉孩子：书店是个好地方，图书也是好东西。只要在孩子幼小的心灵中种下这种思想的种子，这粒种子就会在孩子的心中生根、发芽，最终将孩子引向充满趣味的书海中。

那么，父母在带孩子逛书店时，还需要注意哪些问题呢？

①选择合适的地点。刚开始带孩子去书店时，一定要选择离家比较近的书店，这样，父母才能有更多的机会带孩子去熟悉那家书店的环境。

②选择合适的时间。书店在一天的营业中，一般都会有高峰期，父母应该尽量避免在高峰期带孩子去书店，以免因为过分杂乱和拥挤的环境而引起孩子的厌烦。

③教孩子应该注意的事项。带孩子去书店时，父母应该事先提醒孩子注意一些事项。比如，不要在书店内哭闹、不要破坏图书、不要在没有付钱的情况下将书拿走，等等。

④教孩子熟悉书店的环境。书店中的一些设施是孩子必须熟悉，并掌握如何运用的，因此父母应该尽快教会孩子。比如，适合孩子的图书在哪里，收款台在哪里，卫生间在哪里，父母在哪里，如何取书、放书，等等。当然，在孩子还没有熟悉书店的情况下，父母应该时刻陪伴在孩子的身边，既可以帮助孩子拿取图书，引导孩子翻阅，又可以及时了解孩子的需要和心理感受，让孩子在拥有安全感的情况下尽快熟悉书店的环境。

2. 举办家庭"读书会"

父母可以每周举办一次家庭读书会，读书会可分为朗诵比赛、讲故事比赛、背诵诗歌比赛等形式。但比赛应以娱乐、趣味、游戏为主，尽量淡化比赛结果（如果孩子赢的话，就要给予鼓励和赞美）。总之，只要能够让孩子保持对阅读的热情，那么比赛的目的就已经达到。

另外，经常带孩子去图书馆、参观书展等，也是创造亲子共读的良好时机。

在孩子成长的过程中，如何培养孩子良好的生活与学习习惯，是父母义不容辞的责任。而亲子共读，既是孩子学习的一种手段，同时也是一种增进亲子感情的方式。父母还可以通过亲子阅读教会孩子如何热爱生活、享受生活。成功的亲子共读，应该是父母与孩子一起享受阅读的快乐，并让孩子热爱图书、热爱阅读，进而热爱生活、享受人生。

把书"吃"透才是真读书

南宋时，有一个著名的学者名叫朱熹，他曾是庐山白鹿洞书院之主。当时，前来求学的学生见他伏案读书，书页边都是黑色的，甚至成了碎片，于是有人脱口而出："这真是'吃'过一般。"朱熹听了满意地点点头，当下就向学生们宣讲了白鹿洞书院的第一条学规，这就是讲究"吃"书。朱熹认为，书有两种"吃法"（读法）：一是如大嚼大咽，然后反刍；二是细细咀嚼，慢慢品尝，必须把两者结合起来。

无独有偶，我国数学家张广厚青年时有一次在一本外国数学杂志上看到一篇关于亏值问题的论文，感到很有启发，便置于案头，用心阅读。这篇文章总共20多页，他却反反复复读了半年多，白色的页边上留下了一道道手指摩擦后的黑印。他的妻子开玩笑说："这哪叫念书啊，简直像吃书一样。"

朱熹、张广厚的"吃书"，就是勤奋学习的代名词，这是精读深钻的基础。

在学习之外，同学们总想选读点有特别爱好和兴趣的书，使自己的个性得到发展。倘若一旦选定书目，也得讲究如何"吃"法。以下的"吃书"法，你不妨一试。

①添线法。读书时用红、蓝铅笔，在文笔好的地方用红笔画线，思想好的地方用蓝笔做记号。

②采蜜法。一边读，一边摘录精华，做成"采蜜簿"。

③自问自答法。就是从大体上了解一下书的结构和各章节内容，然后合上书，先自己想想。一边散步，一边自问自答：是什么？为什么？怎么样？然后再去熟读、精思，甚至动手做做。

④重读法。即读过的书，隔些日子再重新读一读书中画线、标记的重点地方，所花的时间不多，却有新的收获。

读书的顺序

当今社会是一个知识爆炸的时代，要想让孩子读完各种各样的书籍几乎是不可能的，因此父母在教孩子读书时，一定要让他学会抓重点。

有的孩子翻开一本书，常常跳过目录，直接看正文，美其名曰"节约时间"。其实这反倒会浪费很多时间。以一句"我思故我在"而名扬天下的哲学家笛卡儿曾经说过："一般的书籍只要读几行，再看看目录，就可以了解书中说些什么了。"可见，目录的作用并不仅仅在于告诉我们书的内容，透过目录，我们还可以看出全书中各章节之间的相互联系。所以，看过目录，便可大致了解书中的主要内容及重点，并从中找出自己最需要看的内容。

如果让孩子光读正文，就会很容易拘泥于细节，只见树木而不见森林。所以，对于已读过的书，最好再重读目录，以便掌握全书的重点和精华，提高理解程度。

　　除目录之外，还需要注意书中那些诸如"总之""换言之"之类的词句。这些词句作为某一段或某一层意思的小结和概括，往往是该段或该层意思的重点和精华，同时也能起到承上启下的作用，这样可以加深读书的印象。注意领悟这些语句的含义，就能很方便地抓住一个段落或整篇文章的重点了。

　　另外，孩子以前阅读时在书边写的眉批、注解和某些重点语句下的画线应作为以后再次阅读时必须关注的重点。因为，同样的知识对于不同的人来说具有不同的价值，那些经过自己淘拣之后留下来的知识，对于他来说，肯定是重点。当然，由于时间的推移，以前是重点的东西，现在对于孩子来说也许已经不再是重点，因为他已经进步了很多，视野也开阔了很多，以前的重点对于现在的他来说已经是一种常识性的知识了。这也是孩子不断学习、不断进步的效果。

读过的书要留下记号

　　爱惜书本是符合传统观念的美德，本来是无可非议的。如果过分爱惜书本，不舍得在上面作任何必要的圈点和记号，反而会在以后的学习中造成不便，甚至把学到的知识原封不动地还给书本。

　　相信我们很多人也有过这样的体会，那就是当你需要查找某些内容时，往往只记得它在某本书里，具体哪一页第几行却早已记不清了。除非你有耐性翻阅全书，或凑巧碰到，否则，就只有干着急的份儿了。大人如此，孩子当然就更不用说了！

　　如果让孩子在书本上用笔将重点部分的有关内容勾画出来，做一些眉批加以提示，或将参考书拆散，依内容重新分类编排，结果又怎样呢？肯定会大大方便阅读，大大节省时间，从而提高孩子的学习效率。

　　所以，孩子读过的书，一定要提醒他在上面做一些方便记忆或查找的记号，不要舍不得在书本上画线、做记号……孩子读完一遍后书如果还像新的一样，那只能说明书中的知识还在书本里面，他还是跟没有读过一样。

　　当然，我们所说的在书本上画线、做记号等方法只能限于你自己的书本，如果是借别人的书或是从图书馆里借来的书是不能在书本上画的，这一点一定要跟孩子讲清楚。但是，父母可以让孩子把书中的一些重点内容摘抄下来，这也是一个很好的方法。

充分利用课本和参考书

如果把孩子比作士兵，那么，考试就可以说是战场，知识便是武器。士兵没有武器是无法打胜仗的。同样，孩子如果没有知识也不可能在考试中获得成功。

作为小学生，孩子的知识主要来源于课本和参考书。要想让孩子利用好他手中的课本和参考书，首先要做到对书中内容非常熟悉。课前要打开课本认真预习，上课时听不明白的地方需及时请教老师，课后要抓紧时间复习。对于数学课本来说，书中的定理、公式是必须牢记的，例题不仅要看懂、会做，更要学会举一反三，尽量多想想还有没有其他办法可以解答，如果题目条件变化又该怎么做。对于语文课本来说，书中的字句不仅要记住，更要会用，多组词、造句、写小短文，课文更是要反复阅读、朗诵，甚至背诵。在使用课本的过程中，还可以采用画线、做笔记、写批语等方式突出重点，加强记忆。

除课本之外，参考书也是很重要的。目前，市面上的参考书很多，如何选择参考书对于学生和家长来说都是一种考验。如果可以，一定要让孩子自己去选择，这样比较容易选到适合孩子实际情况的书籍。如果父母帮忙选的话，一定要慎之又慎。比如，孩子的基础不够好，就应该选择那些重点讲解基础知识的参考书，一定要先打实基础；而对于学习成绩比较好的孩子来说，就应该选择那些带有提高性质的参考书，通过这一类参考书，既可以巩固所学的知识，还可以进一步对知识进行活用，有助于在考试中取得更好的成绩。

心情愉快才能提高阅读效率

很多孩子在学习中经常会碰到这样的情况：心情愉快时就能够轻松地把

书顺利地读下去，而且，读书的效果很好；如果心情欠佳，读起书来就非常地艰难了，看了半天也不知道书上说了些什么。

美国学者嘉西尔德曾经做过这样一个有趣的实验：他把 51 名学生分为两组，一组怀着轻松愉快的心情学习，另一组则在非常不愉快的气氛中学习。经过一段时间后，他发现，怀着轻松愉快的心情学习的一组学生，基本上都能记住所学过的大部分内容；而另一组学生的情况明显就差多了，他们很难记住自己所学过的内容。这个实验充分说明了心情能够制约学习的效果。

所以，孩子在读书时，一定要让他保持良好的心态。如果发现孩子在读书时烦躁不安，父母应该马上帮孩子弄清这些烦躁的原因，等把这些问题解决掉之后再继续读书。要是孩子实在静不下心来，就索性让他出去散散心、跑跑步等，做一些比较轻松的活动，等心情好转之后再继续学习。不要在孩子心情不好的时候勉强他学习，那样的话，不但不会有效果，反而还会让孩子越来越讨厌读书。

给孩子创造一个书香的氛围

有人曾经在小学校园中做过一系列的调查研究，在调查的过程中，他们经常向孩子们提出这样一个问题："你喜欢一个人读书还是有爸爸妈妈陪伴？"结果发现，不管年龄大小，98%的孩子都选择"有爸爸妈妈陪伴"。接着，他们又提出另一个问题："你喜欢在家里读书还是在学校里读书？"结果有90%的孩子都选择在家里读书，因为他们觉得家里"安静、书多，父母能陪我一起读"。从孩子的回答中，我们看出父母和家庭对于孩子的影响是多么的重要！

但是，从目前的情况来看，很多家庭在环境的布置上却不利于孩子阅读习惯的养成，因为大多数父母还不能理解孩子阅读的作用，对孩子的阅读仍然缺乏科学认识，只有不到3%的家庭能够有意识地为孩子准备书房、书橱、书桌等。

美国教育家霍力斯·曼曾说："一个没有书的家，就像一间没有窗的房子。"

可见，图书对于一个家庭来说，是绝对不能缺少的。那么，父母应该如何在家庭中营造书香的氛围呢？

1. 建造小书架

为孩子设计小书架，摆好各类图书，让孩子看到那些色彩鲜艳的图片、看到被爸爸妈妈叫作书的东西，还要让他们感受到书里面有好玩的、好听的故事和游戏。从而培养孩子对图书的喜爱，激发孩子的阅读兴趣。

2. 建立"沙发书吧"

为了创设舒适、愉悦的阅读环境，父母可以在家里专门留出一处地方，作为小书吧，如书房一角、孩子卧室等。在这些地方，放上孩子的小沙发、小靠垫、各种毛绒玩具，让孩子比较放松地阅读。

3. 布置床头书柜

根据睡前阅读的习惯，父母可以预先选择几本书放在床头，既可以方便阅读，又能让孩子感受到书籍无处不在。对于一个书香家庭来说，床头书必不可少，并且需要精心挑选，内容一定要适合睡前阅读。

4. 准备厨房菜谱

在厨房中放上几本菜谱，既方便父母可以随手取用，又能够让孩子从中逐渐明白菜谱的作用，明白阅读对于生活的实际效用。

5. 让书报随处可见

父母可以根据自己家庭的实际情况和生活习惯，在孩子能够看到、拿到的范围内放置一些适合的图书，方便孩子阅读。近年来，图书市场开发迅速，推出很多设计奇特的儿童读物，父母可以把这类图书摆放在合适的位置，引导孩子主动去接触和阅读。

6. 爱护图书

不管家里有多少书报，父母都要和孩子一起对图书进行归类整理，保持整洁，有损坏的地方要及时贴补。这样，既可以使图书得到完好的保存，又培养孩子归类能力和爱书、藏书的习惯。

7. 远离噪音

噪音是最容易破坏书香氛围的根源。试想，一个家庭如果整天开着电视、音响，或者父母经常吵架、酗酒、玩牌、K歌、打麻将等，那么，如何让孩子静下心来阅读呢？为了给孩子创造一个静谧、温馨的家庭氛围，父母应该尽量让噪音远离家庭。只有这样，才能真正做到给孩子营造一个美好的书香家庭。

如果一位孩子出生在一个充满温馨、舒适的书香家庭中，那么这个孩子一定会非常的幸运，因为自从他出生的那一刻起，这个家庭给他带来一生取之不尽、用之不竭的财富，那就是足以影响他一生的阅读能力。为了孩子一生的幸福，请父母为孩子营造一个书香的家庭吧！让孩子从小学会读书、爱书、藏书，这就是父母送给孩子最佳的礼物与财富。

第三章

考试高手必须掌握的五个环节

如果在学习的过程中，也有鸡肋的话，那么这个鸡肋就是考试，可以说考之无用，不考不行。既然考试是孩子必须面对的，那么我们就只能让孩子坦然地去应对，而且尽量让孩子考出好成绩。实际上，在学习的过程中，只要掌握了一些必要的环节，孩子就可以轻松地考出好成绩。

第一个环节：课前一定要预习

预习可以培养孩子的自学能力

所谓预习，就是让孩子在老师讲课以前先把要学习的内容自学一遍，对即将要学习的内容有个大概的了解，为上课听讲做好充分的准备。具体来说，预习的作用主要有以下四点：

1. 预习可以培养孩子的自学习惯和自学能力

因为预习一般都是"单兵作战"，所以能增强孩子的独立性，减少依赖性。

2. 预习可以增强孩子的听课效果

如果孩子掌握了正确的预习方法，那么他往往会在预习中发现问题，找出疑难点，然后再带着这些疑难点去听课，听课的效果自然会大大提高。

3. 预习能够培养孩子发现问题的能力

当孩子预习新的学习内容时，如果能找出一些他自己觉得比较难的问题，并带着这些问题去听老师讲课，效果会非常的好，也会让孩子注意力更加集中，因为孩子心中的难题正等待着老师来帮他解决。

4. 预习有利于孩子加强记忆

经过预习之后，孩子会对自己所要学习的内容有了一个初步了解，这样他就可以在课堂上有充裕的时间对老师所讲的内容进行思考、消化，进而当堂巩固知识。

因此，预习对于孩子来说是非常重要的，也是非常有意义的。话说回来，并不是说没有预习就听不好课了，说到底，预习是为听课服务的。预习应该是在有条件的情况下来进行。对于学习状况较差的孩子来说，比预习更重要的是如何在课堂以外的时间里把自己的薄弱和空白点及时弥补上来，因为打好基础更为重要。

对于小学的孩子来说，预习不宜过多，尤其不要深入学习课文内容的细节。否则，不但不会帮助孩子听好课，反而还会起反作用。因为预习过多过细，会出现这样的情况：老师拼命讲课，预习过的孩子却觉得"我都学过了"，于是没有听课的兴趣，养成不认真听课的习惯。而且，孩子的功课还没有难到不预习就不能理解的程度。所以，与其让孩子一直往前预习，不如让他把已经学过的内容多复习几遍，确实弄清楚，并加深理解。一般情况下，让孩子以预习占二成、复习占八成的比例较为理想。

预习可以让学习效果事半功倍

预习不是把老师第二天要讲的内容草草看一遍就算了事，而是要讲究一定的方法。一旦孩子掌握了正确的预习方法，就会收到事半功倍的学习效果。

1. 选择好预习的时间

预习的时间一般要安排在做完当天功课的剩余时间，并根据剩余时间的多少来安排预习时间的长短。如果剩余时间比较多，可以多预习几科，预习时可以多找出一些问题；如果没有多少时间的话，就应该把时间用于薄弱学科的预习。

2. 让孩子首先迅速浏览一遍即将学习的内容

父母可以让孩子先了解教材的主要内容，弄清哪些内容是孩子一读就懂的，哪些内容是孩子觉得比较难读懂的。

3. 让孩子带着问题，一边思考一边读第二遍

对于初次阅读还没弄清楚的问题，在第二次阅读时，一定要让孩子在头脑里带着问题去思考，这时的阅读速度可以适当放慢一些，遇到困难，可以停下来，翻翻以前学过的内容，或者查阅有关的工具书、参考书，争取依靠自己的努力把难点攻克，把问题解决，把没读懂的地方读懂。对于孩子经过努力仍未解决的问题，也不必勉强去解决，因为这样会花费更多的时间。最好的办法是让孩子把这个问题记下来，留待课堂上听课时去解决。

4. 一边预习一边做好预习笔记

预习笔记有两种，一种是直接记在课本上，一种是记在笔记本上。在课本上记的预习笔记要一边读一边进行，以在课本上圈点勾画为主。所圈点勾画的应是课本上的要点，以及一些生僻的字句。同时，也可以让孩子在课本的空白处做眉批，写上自己的看法和体会，写上自己没读懂的问题和查阅的参考书、工具书，等等。

5. 不同学科有不同的预习方法

预习也不能搞千篇一律，要根据不同的学科特点抓住预习的重点，选择不同的预习方法。例如，语文课首先要扫除生字、生词障碍，再分析段落大意、中心思想以及写作风格、手法；而数学课则要把重点放在数学概念、数学运算的掌握上。

6. 父母要多和孩子沟通

作为父母，要鼓励孩子把预习中的体会讲出来和大家一起分享，而父母在肯定孩子的同时，也可以帮助孩子分析不足之处，这样孩子才能有更大的收获和进步。

另外，必须要记住的是，不管孩子在预习上学到了多少知识，掌握了多少知识，千万不要以为他已经全懂了，等到老师讲课时就可以不认真听讲。虽然有一些问题在孩子自己看来可能是懂了，其实并非如此，因为有一些问题在他自己进行理解的过程中可能会存在一些失误，但他自己并不知道。所以，一定要提醒孩子，在老师讲课的时候，要学会顺着老师的思路去进行思考，这样他就会发现自己的一些不足之处。

第二个环节：课堂上积极主动

让孩子抓住课堂上的重点部分

父母要经常提醒孩子，听课时一定要全神贯注，只有注意力集中才能抓住重点。那么，对于孩子来说，听课应该抓住哪些重点呢？让我们一起来看看吧！

重点之一：　每节课的两头

所谓每节课的两头，是指每节课开始的时候和快要结束的时候。

每节课开始时，老师总要拿出几分钟的时间，将上节课讲的主要内容提纲挈领地再一次强调一下。方法比较灵活，有时是老师自己讲，有时是以提问的形式考查学生，然后根据学生的回答情况进行分析，并提出应该注意的问题，这就是讲课的重点。这时，会听课的孩子就会格外注意听，从中找出自己上节课学习中的漏洞，并及时补上。此外，每节课讲完后的几分钟小结也是讲课的重点，因为老师这时要把本节课的重点画龙点睛地总结出来。

一定要明白，老师讲课的开头和结尾，虽然只有短短几分钟，却凝聚着老师多年教学经验的结晶，是十分重要的。

重点之二：　老师讲课中的提示

在讲课过程中，对于重点和难点，老师往往有语言上的提示，如"这一点很重要""这两个概念容易混淆""这是个常见的错误""以上内容说明"等，这类词句往往就是在给你提示课文中的重点。让孩子注意这些词句，可以帮助他迅速抓住学习中的重点和难点，提高学习效率。

重点之三：　老师的板书归纳和反复强调的地方

老师反复强调的地方往往是重要的或难于理解的内容。板书归纳的东西不仅重要，而且具有提纲挈领的作用。所以，一定要提醒孩子在注意听清讲解、看清板书的基础上思考、记忆，并做好笔记，便于今后复习。

总之，只要能够帮助孩子真正抓住老师讲课的重点，就能够让孩子在学习的过程中取得事半功倍的效果。

"五到" 是走神的克星

很多孩子在听课的时候，经常会碰到这样的事。比如，在一节课上，老师正在上面讲课，孩子却在不知不觉中走神了，等一下子回过神来的时候，却不知道老师已经讲到哪里了。更为要命的是，老师偏偏在这个时候点名向自己提问……

孩子在听课的时候，之所以会出现这种尴尬的场景，就是因为走神造成的。所以，注意力高度集中，全神贯注，是孩子听好一节课的关键。那么，我们应该如何帮助孩子避免听课走神的情况呢？

要解决这个问题，首先要让孩子做到"五到"，即：眼到、耳到、手到、口到和心到。

"眼到"是指听课的过程中，眼睛要跟着老师的手势、黑板书写、示范演示等动作，生动而深刻地领会老师要表达的意思。

"耳到"是指耳朵要专心听准老师讲的话，听老师如何读课文、讲课文，如何分析例题，如何归纳总结。另外，认真听同学们的发言，也会对自己有一定的启发。

"手到"则是指双手要随时准备记录和抄写重要的课堂内容或自己在听课过程中产生的问题。

"口到"是指要准备随时回答老师的提问。

"心到"的意思是脑子要紧扣课本，开动脑筋，积极思考。

此外，还可以让孩子在课桌的右上角贴一张写有"专心听讲"的纸条，这样就可以时时提醒他上课时不要走神。当然，孩子在上课的时候偶尔也会遇到一些特殊的情况，那就是周围的同学会找他讲话，或者给他传递纸张，对于这种情况，可以让孩子先委婉地拒绝，等下课后再友好地进行沟通。

鼓励孩子在课堂上积极发言

课堂上不仅是老师向学生传授知识的地方，更是老师和学生双向交流的地方。这种双向交流包括：一是老师向学生提问和学生回答问题，二是学生向老师请教和老师解答疑问。因此，孩子在课堂上的发言也有两种形式：回答老师的提问和向老师请教问题。

要在课堂上积极地发言，关键要做到以下几点：

1. 专心听讲，积极思考

这是听课的根本要求，也是发好言的根本要求。如果连老师讲的内容都没有听清的话，他怎么回答老师提出的问题呢？如果没有积极思考的话，他不仅不能正确地回答老师提出的问题，更不可能将自己在思考过程中的疑问提出来向老师请教。

2. 要大胆，不要怕出错

有的孩子虽然很优秀，但第一次在课堂上站起来讲话时肯定有些害怕，可能是浑身发抖，可能会面红耳赤，可能会不敢说话，这些都是很正常的事，其中的原因我们在这里不用多说。但是相信当他第二次站起来说话的时候，肯定没有第一次害怕了，等到第三次、第四次的时候，他就会觉得这是非常自然的事了。因为他的胆子已经练出来，什么都不会害怕了。

3. 声音洪亮，吐字清晰

孩子发言的时候，只有做到这一点，才能让老师和每一个同学都听得清。同时，大声发言还能有效锻炼课堂发言的胆量。

4. 条理清楚，简单明了

有条有理、逻辑清楚的讲话不仅能表现出一个人的说话水平，还能表现出一个人的思维能力。因此，父母应该提醒孩子在发言之前略微整理一下自己的思路，可以打一个腹稿，也可以在草稿纸上简单写一写。另外，课堂时间很宝贵，所以要让孩子尽可能用最简明的话表达出自己的想法，以便节约大家的时间。

5. 表达方式要恰当

当孩子的意见、看法与老师不同时，要让孩子以适当的方式和语气提出来，以免养成自以为是、目空一切的毛病。当然，这一点就需要孩子拥有一个谦虚的态度了！

课堂笔记记什么

记课堂笔记并不是将老师讲的每句话都记录下来，而是要抓住知识的要点。具体说来，课堂笔记应该记以下的内容：

1. 记老师的板书

板书是老师列出的讲课提纲，是以图、表的形式展现了一节课的主要内容，同时还能反映出知识点之间的相互联系，便于我们理解和掌握。

2. 记老师的思路

老师讲课的思路一般用语言或结合板书表现出来。比如，数学题的解题步骤，就显示了老师的思路，应有意识地加以思考，并记在笔记中。

3. 记老师强调的重点

记下老师强调的重点有助于我们更好地理解所学的内容，也有利于我们在复习中有的放矢，避免很多无效的用功。

4. 记补充内容

有时候，老师在讲课中为了更好地说明问题，要补充一些内容。比如，语文课上，老师可能要补充一些关于作者生平和写作背景的材料，这些内容是课本上没有的，但对于理解课文有很大的帮助，也可以有选择地记在笔记本中。

5. 记自己所认为的难点

听课时，孩子难免会有不明白的地方。这时，就可以让他把这些难点记下来，等下课后再向老师或同学请教。

怎样做课堂笔记

美国心理学家巴纳特曾经做过一个实验：他把学生们分成三组，每组以不同的方式进行学习。甲组的学生一边听课一边做笔记；乙组的学生在听课的同时，能看到已由别人做好的笔记，但自己不动手写；丙组的学生只是听老师讲课，既不动手做笔记，也不看别人做好的笔记。一节课上完之后，对三组学生进行测验，实验结果表明：甲组学生的学习成绩最好；乙组学生的学习成绩次之；丙组学生成绩最差。

通过这个实验，我们可以看出，做好课堂笔记对于孩子的学习来说是极其重要的。

那么，怎样才能让孩子记好课堂笔记呢？

① 给每一门课程准备一个单独的笔记本，而且最好是活页笔记本，以便于日后整理时使用。不要在一个本里同时记几门课的笔记，否则会非常的混乱。同时，要准备两种不同颜色的笔，以便通过颜色突出重点，区分不同的内容。

② 在笔记本每页的右侧画一竖线，留出三分之一或四分之一的空白，用于课后拾遗补缺，或写上自己的心得体会。左侧的大半页纸用于做课堂笔记。

③ 为了使笔记显得条理清晰，可以使用一些醒目的符号。比如："～～～～～～"（波浪线）表示重要内容，"………"（着重号）表示关键的字词，"?"（问号）表示质疑，等等。这类符号的使用最好固定下来，不要随意改动，否则反而会感到混乱。

④ 为了提高笔记速度，可以适当简化某些字和词，不必像写作业那样工工整整。最好是建立一套适合自己的书写符号。比如，用"∵"代表"因为"，用"∴"代表"所以"等。

⑤ 如果漏记了笔记，也不用担心，不要总是惦记着漏掉的笔记内容，而影响听记后面的内容。可以在笔记本上留出一定的空白，课后求助于同学或老师，把遗漏的笔记尽快补上。

⑥ 课后要及时检查笔记。下课后或放学后，让孩子从头至尾阅读一遍自己记的笔记，这样既可以起到复习的作用，又可以检查笔记中的遗漏和错误，将遗漏之处补全，将错别字纠正，将过于潦草的字写清楚。同时让孩子将自己对讲课内容的理解、收获、感想，用自己的话写在笔记右侧的空白处。这样，笔记才能变得更加充实、完善。

课后一定要整理课堂笔记

一般说来，由于上课时同时要兼顾听课、做笔记、思考问题等，时间显得有点紧张，因此，孩子在课堂上做的笔记都比较杂乱，不太方便课后复习使用。所以，让孩子学会整理、加工课堂笔记也是很有必要的。其方法与程序分为以下六个步骤来进行：

第一步：回忆。课后应该尽快抓紧时间，趁热打铁，对照书本、笔记，及时回忆有关的课堂内容。这是整理笔记的重要前提。因为对笔记的整理必须建立在对课堂内容准确回忆的基础之上。

第二步：补全。孩子在课堂上所做的笔记，因为是要跟着老师讲课的速度进行的。而一般情况下，老师的讲课速度要比孩子记笔记的速度快，于是课堂笔记难免会出现缺漏、跳跃、省略，甚至符号代替文字等情况。这就需要孩子在回忆的基础上，及时补全笔记，使笔记丰富、完整。

第三步：修改。仔细阅读课堂笔记，对错字、错句及其他不够确切的地方进行修改。其中，特别要注意重点难点的有关内容的修改，使笔记准确。

第四步：舍弃。果断舍弃那些无关紧要的笔记内容，使笔记看起来简洁明了，一目了然。

第五步：编码。首先应对笔记本标出页码，然后用统一的序号，对笔记内容进行提纲式的、逻辑性的排列，梳理好整理笔记的先后顺序，并参照书籍做一份目录，最好再附上简要说明，这样笔记就会更有条理、更有系统性，也更方便日后查找。

第六步：抄录。把经过整理的笔记进行分类抄录，可以用卡片进行抄录，也可以用别的笔记本进行抄录。这样，孩子日后复习、使用就方便了，按需所取，纲目清晰，快捷好用。笔记不仅能帮助孩子巩固复习课堂知识，更具有资料的性质。

经过这样六个步骤整理出来的课堂笔记才能真正成为清晰、有条理、好用的参考材料。

课本上也可以做笔记

有的孩子不习惯在笔记本上做笔记，但是老师讲课中涉及的有些重点又非记不可，那怎么办呢？这时，父母就可以让孩子在课本上做笔记。

在课本上做笔记主要应掌握两个重要方法：符号和批语。

根据老师的课堂讲解，让孩子对书本中的重点内容，比如在课文中的字、词、句、注释、文字常识等下面标上圆点、曲线、直线、虚线、双线、波浪线、加框等，或者用圆圈、箭头、红线、蓝线、三角、惊叹号、疑问号等其他各种符号，以便于找出重点，加深印象，或提出质疑。哪种符号代表什么意思，由自己掌握。对于较长的段落，可用阿拉伯数字标出层次，使其眉目清楚，条理系统，便于复习和记忆。

此外，在书页上下端的空白处，或者字里行间，还可以以批语的形式加注自己的学习心得，也可以把老师讲课的要点、重点、难点以及自己对某些问题的疑点、评论随时记在书页的空白处。

不过，让孩子在课本上做笔记要遵循以下四个准则：

1. 使用的符号前后要具有一致性

在做记号的时候，可以重点运用自己熟悉的一两个方法。但是前后要保持一致，这样在复习时你才能记得它们分别指的是什么，不至于混淆。特别要注意画在字句下的单线或双线，重点项目旁的星号、圈号和框架的用法，以及书页的上面和下面的空白处的用途。

2. 要善于选择，简洁明了

不要一下子在很多语句下画线，这样会使得你在复习时又要将整页内容通读一遍，加重记忆负担。应选择在一些虽简短但是有关键意义的词语下画线，页边空白处的笔记要简短扼要。这样，就会在你的记忆里留下更为深刻的印象，在你背诵和复习的时候用起来更为得心应手。

3. 相互参照，前后联系

相互参照可以起到一举两得的作用。比如，当发现第65页上的观点与前面第39页上的观点有着直接的联系时，就可以画一个方向朝上的箭头，旁边写上"P39"。然后翻到第39页同观点旁边，画一个方向朝下的箭头，注上

"P65"。用这种方式，两个知识点就能在你的大脑里紧密地联系在一起了。

4. 笔记引路， 深入思考

在课本上做笔记，画线、画框架，插入一系列符号，能够有效地帮助孩子学习和复习，但有时也容易造成好像已经细读过其内容的假象。所以，在孩子运用课本笔记法的过程中，父母还应该时刻提醒孩子进行真正的回忆、思考和复习。

总之，课本笔记法简单方便，有助于孩子集中注意力听课，而且由于笔记就记在书上，对孩子以后的复习、巩固有着很好的提示和引导作用，同时也有利于孩子吃透教材。但是，由于课本上可利用的空间有限，笔记难以做得足够详细，也不便于课后整理。因此，最好是把课本笔记法与笔记本笔记法结合使用，这样才能取得最好的学习效果。

课堂上听不懂怎么办

每一位孩子都可能遇到上课听不懂的情况。在这种情况下，有的孩子可能会破罐子破摔，"反正我听不懂，再听也没用，干脆不听了"；有的孩子则立即去问自己的同桌或埋头查阅工具书、参考资料等。前者是一种消极的态度，后者相对比较积极，但这些方法都不可取。

那么，如果您的孩子遇到这种情况时，应该怎么办呢？

1. 课下夯实基础知识

孩子之所以在课堂上听不懂，原因很可能是由于他自己的基础知识不够扎实。前面的基础没有打好，要学后面的知识就像没有源头的水一样，无从学起。好比一个孩子连站都站不稳，怎么能走呢？当然就更谈不上跑了！因此，如果孩子听不懂老师讲的课时，一定要让孩子在课下抓紧时间把没有学好的知识补上去，先打好基础。否则，就容易造成上课时听不懂——失去学习兴趣——进而跟不上学习进度，恶性循环便由此产生了。

2. 找出难点

可以让孩子先找出难点，然后用笔做上标记。上课时，再让孩子带着心中的问题跟着老师的思路走，孩子自然就会把注意力集中起来。只要集中了注意力，听起课来就轻松多了。

3. 课后请教

如果上述两个办法都用上了，孩子还是出现听不懂的情况，也不要紧。我们这里介绍的第三招应该是放之四海皆准的，那就是课后请教。把没有听懂的地方用笔记下来，下课之后专门找老师或同学请教。当然，也可以让孩子在课后自己查阅工具书以及相关的参考资料。

只要做到了以上几点，那么孩子在课堂上听不懂老师讲课的概率就很小了。

第三个环节：课后作业要尽快完成

让孩子以考试的心态去完成作业

作业和考试都是对学习成果的检验，就其本质来说，二者其实是一样的。有时作业中出现过的习题就是考试的题目，有时考试中有代表性的题目又往往成为平时作业练习的重点。考试和作业之间的区别就在于：考试是为了检验孩子在一段时间内对所学知识消化、掌握和巩固的程度，是综合的、相对来说比较严格的检验方式，而作业只是对孩子的学习成果进行单项的、练习性的检验。

但是，在很多孩子看来，作业和考试的分量是不同的，作业只是日常功课的一部分，而考试是要记分的，分数可以评定每个人学习的等级，有时甚至通过一次考试就可以决定一个人的"前途"和"命运"。因此，很多孩子平时写作业马马虎虎，应付了事，总认为自己考试的时候认真一点就行了。殊不知，平时养成了粗心大意、丢三落四的坏习惯，到了考场上是很难做到认真细致的。

因此，作为父母，一定要提醒孩子，平时写作业时要像对待考试一样。也就是说，让孩子像对待考试那样以认真的态度、严格的要求、一丝不苟地完成平时的每一次作业，该画图的就画图，该写过程的就写过程，该验算的就验算，认认真真地算，工工整整地写。孩子通过平时这种严格的训练之后，就会养成习惯，考试时自然也就能像平时做作业时保持同样的冷静，以敏捷的思考、熟练的技巧、清晰的条理高质量地解答考试的问题，考出最好的成绩来。

什么时候做作业比较合适

我们经常会发现，有这样一些孩子，下了课，书也不看，笔记也不翻，就开始急急忙忙地做作业。但没做一会儿就遇见了难题，再也做不下去了就开始翻书，查公式、查例题。很明显，这样做作业效果是很不好的！一边翻书一边做作业，就如同"照猫画虎"——看一笔画一笔。而这种方法只不过是一种机械的模仿，稍不注意就容易"画虎不成反类犬"。因为他没有看清"虎"的全貌，不了解"虎"的气质，所以画出来的"虎"或者不成比例，头比身体还大，或者缺头少尾，不成样子。这些孩子的错误就在于在不该做作业的时候写作业。那么，孩子什么时候做作业比较合适呢？最好的时机应该是让孩子完成功课的复习之后，再开始做作业。

在做作业之前，应该让孩子先回想一下当天所学的功课，翻一翻课堂笔记，重新熟悉一下当天所学的定义、概念、原理，仔细研究例题，掌握解题思路和方法，想一想当天的作业题和课堂上所讲内容的关系，做到心中有数，然后再运用这些知识去做作业。这样，孩子就可以通过完成作业加深对课堂知识的理解、消化和巩固。

同时，让孩子这样做也可以避免当习题做不下去时，再回过头来翻书的情况，既浪费时间又影响情绪。如果让孩子能做到闭上眼睛，就能将一些定义、公式的要点及其来龙去脉充分地运用到做作业的整个推导过程中，那么他就可以把作业做得又快又好。

当然，刚开始学习这样做时，复习和回想的时间可能较多，但养成习惯之后，只要脑子里像放电影一样把教材回忆一遍，或者把有关的公式默想一番就可以了。开始可能需要一二十分钟，但只要用熟了这套方法，只要几分钟就够了。

督促孩子做好寒暑假作业

每年的寒假和暑假都是一个比较长的假期，所以老师往往会在这期间给孩子留一些作业，帮助孩子不断巩固上一个学期所学的内容，有利于新学期的学习。因此，寒暑假作业是非常重要的。那么，父母应该如何督促孩子完成寒暑假作业呢？

1. 让孩子有规律地完成

由于寒暑假时间较长，而小学阶段的孩子还是玩心比较重，所以基本上不太会安排时间，很多孩子更是把放假当成了解脱，每天只知道疯玩。直到开学前的最后几天，才想起作业还没做，于是开始急急忙忙地乱写一通，随便应付或者干脆从同学那里抄袭了事。有的孩子则正相反，一放假就急急忙忙赶作业，一个假期的作业集中在几天的时间里就做完了，剩下的时间就每天无所事事。

以上这两种做法虽然省事，也符合一些孩子所说的"长痛不如短痛"的做法，但问题的关键在于，这两种做法都起不到复习和巩固知识的作用，既然这样做作业的方法达不到学习的目的，做与不做又有什么区别呢？所以，作为父母，必须在寒暑假期间帮助孩子合理地安排好时间，最好是制订一个学习计划，把假期作业平均到每一天，每天做一点，这样既不会觉得烦，也能达到老师布置作业的目的。

2. 帮助孩子提高做作业的效率

寒暑假里，由于没有老师催着要交作业，所以孩子写作业就磨磨蹭蹭，拖延时间，一会儿摸摸这儿，一会儿看看那儿，貌似学习，实际上连自己在忙什么他也说不清楚，当然就更不用说学习效率了。这样既浪费了时光，又会养成做事心不在焉的不良习惯。因此，孩子在做寒暑假作业时，父母千万不要只看他做了多长时间，而是要看看他在那么长的时间内完成了多少作业。同时，父母还要帮助孩子培养专注力，排除一些外界的干扰，确保高效率地完成作业。最好让孩子把每天做作业所花的时间和完成作业的量记在一个专门的本子上，让孩子自己来监督自己。

3. 鼓励孩子迎难而上

寒暑假时间长，正是孩子琢磨难题，提高解题能力的好时机。因此，当孩子在做作业的过程中碰到难题时，一定要激励孩子迎难而上，而不是退缩或绕开，父母也不要轻易地去帮助孩子解答。先让孩子多花一些时间，好好想想，尽量让孩子凭借自己的思考解出难题。而当孩子经过苦苦思索后，终于解开那道难题时，他一定会很有成就感，自信心也就大大地提高了。另外，让孩子读一些中外名人克服困难的故事，也有助于培养他坚忍不拔的意志力。

4. 帮助孩子养成细致的习惯

有的孩子在平常做作业的时候，往往只顾进度，导致作业中常常出错，甚至看错运算符号、抄错数的现象时有发生。因此，父母可以利用寒暑假这段时间不太紧张的时期，让孩子在做完当天的作业后，细心地检查是否存在漏题、漏答等现象。

认真阅读老师批改后的作业

有的孩子认为，作业做完之后，只要交给老师就算完成任务了。老师批改后的作业发回后，有的孩子连看都不看就往书包里塞，有的只看一看对错、看一看分数，做对了就喜笑颜开，错了就唉声叹气，根本不去深究错误的原因。其实，会学习的孩子更重视的是老师是如何批改自己作业的，以及关注自己所做错的题。因为，从老师批改后的作业中，可以清楚地看到自己在学习上的漏洞。

所以，父母一定要引导孩子学会重视老师批改后的作业，尤其是关注那些做错的题，看看是由于什么原因造成错误的。比如，对于数学的作业，是因为概念理解不够造成的呢？或者是计算错误？还是由于粗心大意，没有看清题目的要求而导致的错误？做错的题目一定要改正过来，对于做对的题也不应轻易放过，看看老师有没有批注上更好的解法。又比如，语文作业老师批改发回后，关键要看看自己有没有写错的字，有没有语句不通顺的地方，老师是怎样改的。然后把它改正过来，并多练习几遍。尤其是作文的评语，要格外认真对待，最好能根据老师的意见重新修改一遍，这样对于孩子提高写作能力是大有好处的。

总之，经老师批改后的作业，既有孩子勤奋学习的汗水，又凝聚着老师们的心血与丰富的经验，而且老师对作业的评语也往往是一针见血，细细琢磨，肯定会让孩子有长足的进步。

让孩子编一本错题集

所谓错题集，就是专门用来收集孩子曾经做错的习题的本子。让孩子编一本错题集，并时常翻阅，可以提醒孩子吸取平时的教训，在以后的学习中避免或减少错误的产生。

那么，错题集应该怎样编呢？首先要准备一个专用的本子，不论是平时的作业，还是考试的卷子，老师阅后发回来，都要把其中的错题挑出来，在这个本子上"登记备案"。第一步是把错题原原本本地抄下来，把错误的地方用红笔画出来；第二步是在错题的下面，按正确的做法再做一遍。最后，还要分析错误的原因，并用红笔把错误的类型醒目地标出：是属于概念理解错了，还是没有弄清题意；是分析、推理上的错误，还是计算上的错误……每一道错题登记时都要经过这样几道工序。当错题集里的错题积累到较多的时候，再将这些错误的原因进行归类整理，从而归纳出孩子在作业和考试中应注意的一些问题。例如，做计算题应注意：

①题目有没有抄错；

②计算顺序对不对，公式有没有遗漏；

③计算法则有没有混淆；

④小数点处理是否正确；

⑤是不是近似值，要不要用"≈"；等等。

当然，并不是错题集编好之后就万事大吉了，还应该让孩子经常重复检查这些错题。考试前，除了复习课本，主要还应认真复习错题集里的问题，吸取平时的教训，这样才能让错题集充分发挥作用。

据用过此法的学生反映，刚开始时，经常有错题要登记，半个学期后，要登记的题就会越来越少了，有时一个星期才一道。考试时，也基本不会再犯同类型的错误了。

那么，为什么编错题集会有这么好的效果呢？主要是由于那些需要理解和掌握的重点、要点、难点，尽管老师讲课时一再强调，但一些孩子在自己没有被它们"困"住之前，往往是深入不进去的。直到真正碰到难题的时候，譬如作业或考试，问题往往就会在这些地方出现了。所以，如果让孩子抓住这些错误、"放大"这些错误，在错误的前前后后兜上几个圈子，就能够把漏洞补好。同时，这种方法还可以让孩子进行一种更实际、更扎实的再学习。而编错题集恰恰是从反面入手，通过把错误弄个水落石出来加深孩子对知识的理解。错题集可以按数学、语文、英语、自然等不同学科分别进行编写。

当然，刚开始编错题集时可能有些困难，所以父母可以先帮助孩子建立起来，然后督促孩子填写。一旦养成了习惯之后，孩子就可以自己独立去编写了。

第四个环节：课后一定要复习

分散复习比集中复习效果好

课后复习是课堂学习的继续。对课堂所学知识进行巩固、加深理解、形成运用的技能，都离不开课后复习。但是，复习也必须注意方法，只有方法正确才能取得预期的效果。

根据教育家的试验证明，孩子在复习功课时，分散复习比集中复习效果要好得多。因此，假如孩子有一个小时的复习时间，把这一小时分几次使用比集中一次使用效果更好。比如，孩子今天学了一篇新课文，如果晚上复习一小时，这样一来虽然也会有效果，但如果你用另外一种方法进行复习的话效果会更佳。比较科学的复习安排应该是这样的：当天晚上复习30分钟，第二天复习15分钟，第四天复习10分钟，一星期后复习5分钟，这样就等于复习四次。这种方法看起来虽然比前一种方法麻烦得多，但如果让孩子养成了这样的良好习惯，学习对于他来说将永远不再是压力。

一天中时间的安排也应该如此。早晨集中半小时复习生字，就不如早晨复习 20 分钟，中午复习 5 分钟，晚上再复习 5 分钟效果好。

分散复习的时间安排由自己根据具体情况而定，但一定要记住两条原则：

第一，复习时重复的次数越多，间隔的时间应越长；

第二，每次复习的时间逐次缩短。

回想复习法

回想复习法顾名思义是通过对学习内容的回想来进行复习。这是一种最简单易行的方法，而且效果不错。

回想复习应在这四个时间段内进行：

课后，及时的回想可使刚刚学完的课程条理化；

课前，简短的回想有利于接受新课；

睡前，无后摄抑制的干扰（即排除受到当天之后记忆的其他内容的干扰）；

醒后，没有前摄抑制的影响（即不会受到当天之前记忆的其他内容的影响）。

因此，这四个时间是孩子最有利于掌握知识、最有利于记忆的时间。

具体做法如下：

每堂课后，应该把这堂课的基本内容回想一下。第一次，只需用最简短的语言回想基础内容，而不必回想其细节。第二次，分别回想各知识点的关键细节。发现记忆不清楚的地方，要及时查对笔记或课本，直到弄清楚为止。

每堂课前，需把上节课的内容大致回想一下，过程如上。

每晚入睡前，让孩子把当天的功课在脑海中回想一下，就像放电影一样。发现忘记的地方要立即看书，不要怕麻烦而偷懒，也不要把它推到第二天，因为到第二天孩子还有其他的知识需要学习，往往会顾此失彼。

第二天醒来后，起床前，闭着眼睛再把各科课程回想一遍，同样要求不懂时马上看书。

这个方法的核心是通过多次形象化的重复记忆以及网络化的回想，达到对于课程知识的牢固掌握。

让知识"生活化"

学习的目的就是为了能够掌握更多的知识，进而运用知识。作为小学生，虽然孩子所学到的知识还不是太多，却可以让他活学活用，把所学到的知识应用到我们日常生活中最为熟悉的事物。将知识与生活中熟悉的事物联系在一起，复习就可以更省力，知识也掌握得更牢固。

比如，孩子学了英文单词，如果束之高阁，过不了多久就会全还给老师了。但如果让孩子在生活中设法运用，虽然不用花太多力气，却能记得很牢，例如，父母带着孩子出去玩，走在马路上时，可以让孩子想想汽车、自行车、街道用英语怎么说；带孩子去超市买东西时，也可以让孩子试着用英语说出商品的名称；甚至在学校时，也可以鼓励孩子用英语和同学打招呼、致谢、道歉；等等。

又比如，孩子在数学课上学了什么是长方形、正方形、圆形之后，可以让他辨认一下生活中所接触的东西各是什么形状；学了认识钟表的方法后，可以有意识地让孩子多看看时钟，对照一下时间。

总之，只要让孩子对生活多用心，根本不用花太多的时间和精力，孩子就可以将那些新学到的知识牢牢地铭记在心了。

让孩子学会自我检测

自我检测是孩子用来检验学习效果和消化知识的有效方法。运用这一方法可以有效地巩固已学到的知识，发现和弥补薄弱环节，纠正不正确的理解，避免一错再错而留下知识上的漏洞。自我检测一般可通过以下几种方式进行。

1. 随时自测

随时利用可以利用的时间，让孩子把学过的知识复述一遍，或默写概念、原理，然后再和课本对照验证。

2. 阶段自测

学习一阶段后，认真回忆这一阶段共学习了哪些基本知识，有多少考点、难点、关键点，以及知识点之间有什么样的纵横关系。首先，让孩子把这些知识点一一默写或复述出来，再与课本对照验证；其次，把知识点之间的纵横联系用图表一一列出来，再与系统复习时所归纳的图表相对照。

3. 设问自测

这个方法是首先让孩子提出一个问题，然后自己进行回答，务必把握要点、具体规范、严格要求。自我回答后再对照课本或参考资料进行验证。

4. 习题自测

让孩子找一些参考资料上附有答案的习题，自己先试做一遍，然后再和答案对照。

5. 相互检测

让孩子和同学相互提问、相互回答、相互交换习题或模拟试卷、相互解答、相互批改、相互磋商，集思广益，共同进步。在家里的时候，父母也可以充当孩子的同学。

第五个环节：让考试来得更猛烈些吧

考前一定要让孩子睡好觉

考试之前的晚上，有不少孩子因为情绪紧张而睡不着觉，结果影响了次日的考试。因此，要想让孩子在考试中正常地发挥出应有的水平，就必须先睡一个好觉。

一般来说，孩子的睡眠过程可分为以下几个阶段：

第一阶段：是浅睡的阶段。这时孩子的肌肉活动变慢，呼吸也渐渐平缓，大约历时10分钟。

第二阶段：开始进入较沉的睡眠状态。呼吸与心律都变得更慢，体温亦逐渐下降。此阶段大约持续 20 分钟。

第三阶段：开始熟睡。脑部出现缓慢沉睡的 delta 慢波，但这时还不会做梦。

第四阶段：进入深睡。出现规律呼吸，只有有限的肌肉活动，脑部出现沉睡波。

第五阶段：进入速眼运动周期。在这个阶段孩子就开始会做梦，肌肉放松，心律加快，呼吸急速而浅促。

在整个睡眠的过程中，各个不同周期反复持续进行。一旦周期被打乱，孩子就睡不好觉。有时候，孩子躺在床上翻来覆去睡不着时，他也会着急，甚至会想着把自己打昏，然后好好地睡个觉，但就是睡不着，这个时候该怎么办呢？下面的这些方法，父母可以教给孩子试一试，相信会取得很好的效果。

① 让孩子全身放松，平躺在床上，闭起眼睛练习冥想，或是用呼吸调息放松，渐渐地，他就会进入梦乡。这是一个简单易行，而且十分有效的方法。

② 睡前不要让孩子看太刺激或太精彩的电视节目，因为这种节目，孩子越看就越想看完，精神反而更兴奋。可以让孩子通过收音机收听一些广播节目，主持人轻柔的语调或磁性的嗓音，会是催眠的好帮手。

③ 听音乐可以帮助入眠。当然，不要让孩子听那些摇滚或电子音乐，因为这种音乐往往会越听越亢奋。相反，一些古典音乐以及轻音乐是理想的催眠曲。

④ 睡前洗澡或泡脚。睡觉之前让孩子先洗个澡或用热水泡一下脚，会让他身体血液循环畅通，有助于入眠。

⑤ 睡前喝一杯热牛奶。喝完热牛奶后，孩子的肚子会觉得暖烘烘的，这也比较容易睡得安稳。

睡好了觉，孩子第二天考试时就会觉得头脑清醒，当然就会在考场上正常地发挥，自然能轻轻松松考出高分。

当然，如果上述的这些方法都试过了之后，孩子还是睡不好的话，也不要过度紧张。因为很多情况下，失眠本身给孩子并没有带来多大的负作用，而恰恰是孩子的过度焦虑才会造成不利的影响。

先弄清问题是什么

在考试的时候，很多孩子往往会碰到这样的情况：问题很长，乍一看，真不知从哪里下手才好。一旦遇到这种情况，孩子往往也会心浮气躁，只顾着"快快作答"，而忽略了彻底了解试题的本来面目。这就是很多孩子在考试中得不到好成绩的一个重要原因。

事实上，只要让孩子仔细观察一下，就会发现，几乎所有的问题都是由以下两个部分组成的：

①需要解答的问题：也就是孩子应该写在试卷上的东西，这是一个题目最关键的部分。例如，"这段话告诉了我们一个什么道理？""需要多少小时才能跑完这段距离？"等等。

②对答案写法的具体要求：这包括答案的形式和位置。例如："将正确的答案填入空格"，"在错误的句子前画△，在正确的句子前画○"，等等。这是解题时必须遵守的规则，违反了这些规则，当然会扣分，即使孩子完全会做这道题还是一分也拿不到。所以，父母一定要提醒孩子，应对考试时应该注意这些"小事"。

在以上的两个部分中，最重要的是第一个部分——"需要解答的问题"。只要能准确把握住它，就不至于因为弄错了命题人的意图而铸成大错。因此，一接到考卷，首先让孩子搞明白的绝不是"答案是什么"，而是"问题是什么"。并一定要多读几次，否则一旦理解错误，就会造成答非所问。而一旦理解错了，那么即使答案再详细，解释得再清楚也毫无意义。这就好比射箭一样，无论你的箭有多么漂亮，只有射中箭靶才能得分，否则，一旦脱靶，再漂亮的箭又有什么用呢？

做到一半被难住的题目怎么办

在考场上，有的题目猛一看非常容易，于是很多孩子连题目都没有仔细看就急急忙忙提笔作答。但这样一来，往往就会容易发生这样的事情，那就是做到一半才发现这道题再也做不下去了。要避免这种情况的发生，最重要的是要孩子先认真看题，弄清题目的难易。如果实在不幸遇到这种情况，就要果断地暂时放弃，赶快去做其他的试题，等到把自己会做的题目都做完了之后，再回过头来解决这些难题。

其实，在考试中，并没有规定非要从第一题开始解答不可，所以父母可以提醒孩子，在考试中优先完成以下三种类型的题目：

① 又简单又短的题目；

② 以前做过的题目；

③ 自己觉得容易回答的题目。

至于那些难度比较大的、一时想不出答案和解法的难题，则要留到最后才去解决。从时间上的分配来说，容易的题目必须要在考试的前一半时间内完成，然后再利用剩下来的时间，去跟那些难题较劲，这样才能尽可能多地争取更高的分数。

碰到完全读不懂的应用题怎么办

在考试之前，父母一定要提醒孩子，如果在考场上碰到完全读不懂的应用题，也千万不要泄气，紧张得焦头烂额。因为越是这个时候，就越是需要他保持镇定，所以千万不要慌乱。只有这样，孩子才能有机会找到这道应用题的突破点。

其实，客观说来，小学生的试题，几乎不可能出现"从来没见过，从来没听过"的题目。当然，有些题目孩子可能确实未曾见过，但类似的题目他应该是曾经看见过的，而且跟那个题目相关的基本知识点，一定也是曾经在教科书上出现过的。所以，不妨告诉孩子，如果在考试中碰到这种完全读不懂的应用题时，首先要冷静下来想一想："这道题和我们已经学过的哪一个知识点有关系？我是否曾在其他地方看见过或者做过类似的题目？"

当然，最好的解决方法是平时让孩子背熟教科书的目录，在考场上遇到这种情况就在脑子里把目录一一地进行回忆，往往就会从中寻找出解题的方法。

最后，还是要告诉孩子，要是实在想不起来的话也不要紧，因为他已经把其他的题全做完了，而剩下的这一道题连他都解答不出来，其他的同学还能有几个人能答出来呢？要丢分的话还是大家一块丢的嘛，至少是大多数同学要丢分的。关键是让孩子必须要记住这道题，以后再碰到类似的试题时就应该不会难倒他了。

难题其实并不难

每个学科的考试，为了考查孩子的综合学习能力，都会设置一定数量的难题。但实际上，所谓的难题，只不过是综合性较强的题目而已，着重在于考查孩子的综合分析能力，以及对知识灵活运用的熟练程度。

难题也是由基本知识组成的，所以解难题的前提是不被难题吓倒，一定要让孩子"敢"字当头，找出难点，找出基本知识点的内在联系。难题也并不是处处都难，毕竟，再难的难题也不会超出教学大纲的范围，只要孩子平时把教材的内容吃透了，难题对于他来说真的算不了什么。只要认真分析题目类型，精心推算，就能化难为易，看似很难的题目，其实就是平时他已经做过的题目，只不过是"表异里同"罢了，命题者只是把一些简单的知识综合地糅在一起而已。只要了解了题目的条件、隐含的信息，理清各种条件的联系及与所求结果的制约关系，就能把大题、难题分解做出来。

根据试卷编排的原则，难题一般都放在最后，这就是所谓的"压轴题"。近年来，教育部门为了减少考生在整个大题（难题）上丢分，出现了把部分难点分散到其他题目上的做法，所以，有时候填空题、选择题也会出现个别难题。

在考试之前，父母可以告诉孩子，一旦碰到难题时，最首要的是不要慌张，而是先闭上眼睛，连续做三次深呼吸，心中这样想："难题虽难，只要沉着应对，也是可以攻克的"，"既然是难题，能攻克最好，不能攻克也是理所当然"，"我碰到难题别人也会碰到，可能我答得还比他们好呢"，等等。而且，面对一道难题，孩子也并不是一点都不会解，而往往是在整个解题思路中的某一点上卡了壳，没有完全想通而已。如果就这样一字不写，整个题全部放弃，那就全部丢分，这是很可惜的。况且，在试卷里留下空白肯定是不明智的做法。退一步说，就算评分者准备送分数和打印象分时，他面对你孩子的那些空白处也会无可奈何了。所以，一定要提醒孩子填满自己的试卷，把解题过程中自己懂的部分利用一定的文字、符号、公式表示出来，尽可能在试卷上不留空白。这不仅仅是个解决难题的问题，更重要的是，这样做可以反映出一个人面临困难时所表现出来的过硬的心理素质。

做选择题要尽量相信第一判断

"唉，我第一次本来选对了，可后来又改错了。真是气人！"考试结束后，我们常常可以听到一些这样的抱怨。做选择题时，孩子常常会在两个模棱两可的选项之间犹豫徘徊，往往是先选了 A，后来一看，好像 C 更准确，于是又划掉 A，写上 C。结果等到考试成绩出来，才知道，原来自己最先选的 A 是对的，又白白丢了几分，懊悔不已。

其实，根据心理学家的研究，当你看到一个题目，一挥笔就写出的答案往往是正确的，因为你的第一判断基本上是根据平时积累的知识所做出的第一反应，一般说来是不会有错的。而紧接着想起来的另一个答案，牵强附会的可能性则比较大，所以，不大可信。因此，在考试中，除非特别有把握，一定要让孩子相信自己的第一判断。

当然，要使孩子的第一判断非常准确，先决条件是：平时就认真学习、反复练习、牢记正确的知识，使之习惯成自然。就像一句俗语所说的那样："与其学习，不如习惯。"这正是考试获取高分的一大秘诀：知识要不断复习一直到滚瓜烂熟为止。这样，孩子在考场上才能真正做到应对自如。

卷面一定要整洁

一张清洁工整的试卷会给判卷老师带来好的心情，留下良好的印象，这是事实。一般的老师们都会认为，能把卷面做得非常工整的学生，一定是一个态度认真的好学生。所以，如果这样的学生有做错的题目，判卷的老师往往会不由自主地为这些学生辩护：他一定是因为粗心才做错的吧。于是，自然而然也会少扣一些分。要知道，除了选择题之外，还有很多的计算题、应用题，尤其是语文考试中的作文，卷面的工整与否会在很大程度上影响孩子的分数。

那么，怎样才能让孩子做到保持卷面的整洁呢？如果是应对数学考试，那就要求孩子答题的时候不能操之过急，一提笔就往试卷上写答案，而是先弄清前面我们提到的两个问题，即"需要解答的问题"和"对答案写法的具体要求"，然后再开始解答。如果时间够用的话，最好先在草稿纸上写出大略的步骤。如果是应对语文考试，尤其是作文，那就让孩子先在草稿纸上列出提纲，大略地思考之后再提笔写。这样就能在很大程度上避免"漏掉重要的部分""详略不当""语句不通"等失误。

当然，答题也要讲究效率，但效率来源于平时的努力。如果平时努力不够，基础不牢固，答起题来效率就会非常地低，当然也就没有心情考虑到卷面的整洁问题了。所以，孩子只有平时用功复习功课，才能在考试中提高答题效率，只有答题的效率提高了，他才能把卷面保持整洁。

试题做完后一定要检查

有些孩子在考试的时候，总是用很快的速度做完试题，然后迅速地离开考场。如有规定不准提早离开考场，那他就会在草稿纸上胡乱画画，或是抬头看着天花板，猛打哈欠，一副迫不及待想要离开考场的模样；有的则是东张西望，影响别的同学正常的答题思维。对于这样的孩子，我们暂且称他们为考场上的"快速派"吧。

"快速派"们看似准备充分、答题迅速、一副胸有成竹的样子，其实所取得的成绩往往不高，因为他们在急急忙忙中犯下了很多不该犯的错误，而在交卷之前又没有进行检查，所以会白白丢了很多分数。

其实，真正的学习高手是不会在别人面前逞能的，所谓"真人不露相"，他们知道交卷的先后不能代表什么，真正能够说明问题的是在考试当中取得的成绩。要想取得好成绩的秘诀，除了平时要把功夫练到家之外，还需要消除试卷上大大小小的失误。所以，一定要提醒孩子，把试题做完之后，一定要记得从头到尾检查一次，检查的真正意义并非重新做一遍考试题，而是要看那些较为复杂的和自己觉得有可能出错的题目，主要应该注意以下方面：

① 问题的意思理解得对不对；

② 对题目中的已知事项的运用是否有误；

③ 有没有用正确的方式将答案写在正确的地方；

④ 答案是不是"答其所问"、有没有偏差；

⑤ 答案中有没有出现错字或是别字；

⑥ 计算的过程有没有出现失误。

根据以上这些原则，在时间许可之下，不断地反复检查答案，发现错误就要立即改过来，没有错误当然会更好。这样，当孩子把这种检查试卷的方式养成习惯之后，他就会在今后的生活和学习中尽可能地减少一些不必要的失误，每次考试的成绩也将越来越好。

第四章

9—11岁的孩子最需要赏识教育

赏识，是最伟大的教育方法之一。然而，很多人对"赏识"这两个字却存在一定的误解，认为赏识就是只夸不骂，只奖励不批评，然后按照这个理解去做，效果当然不好。其实，真正的赏识，并不是不骂孩子、不批评孩子，而是在主观上赏识的前提下，对孩子身上存在的一些客观问题进行修正。当孩子意识到你是赏识他的时候，也比较乐意接受你的建议，甚至是批评。

没有赏识就没有天才

著名的赏识教育专家周弘曾经说过这样一段话："无论什么人，受激励而改过，是很容易的，受责骂而改过，却是不大容易的。而小孩子尤其喜欢听好话，而不喜欢听恶言。如果家长总是用消极的办法来对待孩子，其结果，小孩子改过的少，而怨恨父母的多，即使不怨恨父母，至少也会有一点不喜欢父母了。"由此可见，如果父母能够做到在孩子遇到问题时，少些责骂、多些激励，少些埋怨、多些赏识，那么，亲子教育就会变得非常简单和快乐。

让我们先来看看周弘是怎样将自己的孩子——聋哑女周婷婷培养成为天才的吧，相信这个故事一定会对你有所启发，让你在教育孩子的过程中，也创造出奇迹。

由于药物中毒，周弘的女儿婷婷刚到人世，就双耳失聪了，这个病被一些专家名医诊断为不治之症。尽管这样，他还是决心把女儿培养成才，因为他相信女儿一定能行。

于是，他开始耐心训练女儿，并让全家人进行配合。为了让4岁才学会说话的女儿赶上同龄的孩子，他采用"母语识字法"，用语言和文字同步教学的方法指导女儿学习，看见星星写星星，看见月亮写月亮，要哭的时候就学写哭，想笑的时候就学写笑；吃饭时学，玩耍时学……婷婷6岁时，她不仅学会了说话，还认识了2000多个汉字。

女儿的进步，使周弘领悟了教育好孩子的奥秘，那就是赏识孩子，真诚地赞美孩子。

当小婷婷念出第一首连父母都难听懂的儿歌时，全家人连连夸赞："太好了！太棒了！"婷婷刚学会做应用题，虽然6道仅做对了1道，大家却惊呼："太了不起了，这么难的题你都会做！"

女儿强烈的自信心在父亲和周围人的"赏识"中被培养起来，奇迹也就来了：婷婷8岁时能背圆周率小数点后1000位数字；3年时间学完小学全部课程，绘画、书法、写作门门获奖；小学毕业时，她以全校排名第二的高分考入中学；16岁时，她考入辽宁师范大学教育学系，成为中国第一位聋人大学生；21岁时，她被美国加劳德特大学特殊教育管理专业录取，之后又被美国波士顿大学和哥伦比亚大学录取为博士生……

亲爱的家长朋友，周弘的故事给你带来了什么样的启发呢？看完这个故事，我们还有什么理由责怪自己的孩子"笨""不争气"呢？连聋女都能变成天才，身体健康的孩子不更能成为当仁不让的神童吗？只要我们学会赏识自己的孩子，相信他也会变得越来越优秀。

那么，在对孩子进行赏识教育时，父母需要注意哪些问题呢？

1. 善于发现孩子的闪光点

每个孩子的身上都会有让父母感到骄傲的闪光点，而孩子身上的这些闪光点，是需要父母拥有一颗赏识孩子的心才能发现的。比如，当孩子满地乱爬时，你就应该发现他的健康和活力；当孩子喜欢问这问那时，你就应该发现他拥有一颗好奇的心；当孩子喜欢"乱摸乱动"时，你就应该发现孩子拥有较强的动手能力；当孩子喜欢"胡思乱想"或"异想天开"时，你就应该发现孩子拥有丰富的想象力……总之，只要你赏识自己的孩子，就会不断从他的身上发现一些闪光的地方。

2. 及时赞美

当你发现孩子身上的闪光点，或者当孩子完成了一件他自认为了不起的事情时，如果能够及时地对他进行赞美和鼓励，往往会产生良好的效果。如果一时忘记了，事后也应该及时补上。比如，孩子生病了，在父母的说服下终于肯吃药了，就应该立即对孩子说："宝贝，你真勇敢!"如果当时忘了说，没来得及赞美孩子，可以等到孩子的病好一些之后再对他说："宝贝，你把药吃下去之后，身体好多了，你真勇敢!"

3. 当众赞美

孩子也有极强的自尊心和"虚荣心"，父母如果对孩子的优点当众赞美，对孩子来说，就是双重的奖励。比如，孩子学习很勤奋，父母可以当众赞美孩子："我这孩子学习很用功!"又比如，当孩子主动和客人打招呼，可以这样说："好孩子，你真懂礼貌。"以后，为了维持这种赞美，孩子自然会养成主动学习、讲礼貌的好习惯。

4. 态度要真诚

赞美孩子时，父母应该做到真诚，而不是故意吹嘘，盲目夸大孩子的优点或凭空捏造事实。这样做往往会产生两种结果：一方面会使孩子觉得父母是在作假，进而使父母在孩子面前失去威信；另一方面则可能会使孩子感到沾沾自喜，自以为了不起。比如，当孩子画出一幅画时，父母如果这样对孩子说："宝贝，你真是太棒了，画得比大画家还好，你怎么这么聪明啊!"这样的赞美往往会使孩子感到茫然。如果父母这样说："宝贝，你这幅画的颜色用得真好!"孩子自然就会明白父母是在赞美、肯定自己的绘画能力，也知道自己的长处在哪里。要知道，言过其实的赞美往往会给孩子播下虚荣和盲目自大的种子。

5. 要适可而止

赏识、激励孩子时要适可而止，不能够一说起来就没完没了，让孩子觉得不自在。激励的话不是越多越好，而是要有针对性。如果赏识过多，激励过多，往往会使孩子对此失去感觉，也就不会让他产生动力。因此，当孩子对某种行为已经养成良好的习惯后，父母就可以适当减少对孩子这一方面的赞美。比如，当孩子每天到了该学习的时候，就主动坐在书桌前翻开书本，父母就没有必要再对孩子说"宝贝，你真是好孩子"之类的赞美之词，而是可以给他一个温暖的拥抱或一些适当的奖励，这些都会给孩子以奇妙的力量。

每个孩子都有属于他的长处

每个人都有自己的天赋，每一个孩子也都有自己的长处，在对孩子进行教育时，如果能够做到善于发现他的长处，并对其进行正确的引导，就能使他的天赋得到最大限度的发挥，从而变得越来越优秀，最终成为卓越的人才。相反，如果逆天赋而行，孩子除了走向失败，就再也没有别的出路了。

善于发现孩子的长处，既取决于父母对孩子的关爱程度，更取决于父母对教育的认识水平。有教育智慧的父母会敏感地发现孩子的强项，并因势利导，用孩子能接受和喜爱的方式把他领入知识的殿堂，进而帮助孩子增长见识和开阔眼界。

让我们从以下几个方面用心观察孩子，睁大慧眼去发现孩子的长处吧！

1. 从性格方面发现孩子的长处

德国著名化学家奥斯瓦尔德读中学时，父母为他选择了一条文学的道路。老师在他的成绩单写上这样的评语："他很用功，但过分拘泥。这样的人即使有着很完美的品德，也决不可能在文学上发挥出来。"根据老师的评语，再对照孩子拘谨老实的性格，奥斯瓦尔德父母尊重儿子自己的选择，让他改学油画。可是，奥斯瓦尔德既不善于构思，又不会润色，对艺术的理解力也很差，他的成绩在班上倒数第一。为此，老师的评语变得更加简短而严厉："你是绘画艺术方面的不可造就之才。"面对这样的评语，奥斯瓦尔德的父母并不气馁，他们主动到学校，征求学校的意见。校长被他们的精神所感动，专门为此召开了一次教务会议。会上，大家都说奥斯瓦尔德过于笨拙，只有一位老师提到他做事十分认真。这时，在场的化学老师眼睛为之一亮，接着说道："既然他做事一丝不苟，这对于做好化学实验是十分必要的品格，那么，就让他试着学化学吧！"接受这一建议后，奥斯瓦尔德真的很快就对神奇的化学入了迷，智慧的火花迅速被点燃，由此一发而不可收。这位在文学与绘画艺术方面均"不可造就"的学生，突然变成了公认的、在化学方面"前程远大的高才生"。最终，由于在电化学、化学平衡条件和化学反应速度等方面的卓越成就，奥斯瓦尔德在1909年获得了诺贝尔化学奖的殊荣，成为举世瞩目的化学家。

从奥斯瓦尔德的成功经历中，我们不妨吸取他的父母在教育和引导孩子方面的经验。正因为他们在孩子迷茫时没有放弃，而是根据孩子拘谨老实的性格，接受了化学老师的建议，才为孩子的成才找准了方向，最终使他的聪明才智得到了最大的发挥。

2. 从兴趣方面发现孩子的长处

东东是一个十分调皮好动的孩子，他特别喜欢摆弄小零件，家里的小闹钟、录音机、电话机总是被他一会儿拆掉，一会儿又装上，很多东西都被他拆坏了。但东东的妈妈非但不骂他，还不时地表扬他爱动脑筋手儿又巧。有时候，她还特意把朋友家一些破旧的小家电要来供他摆弄，把会修理技术的亲戚朋友请到家中教导东东。东东上学后，妈妈还专门把他的这一特长介绍给老师，希望能让他在班级里发挥作用。东东更来劲了，虽然他的学习成绩并不出众，但他的积极性却非常高，他说，自己长大后要当一名伟大的工程师。为了实现理想，东东又开始迷上了学习……

从这个例子中我们可以看出，从孩子的兴趣入手，可以帮助我们更好地发现孩子的长处，并获得良好的教育效果。试想，如果东东的妈妈轻视孩子的动手能力，常常责备他是个败家子，东东也就无法对学习产生欲望，更无法体验到学习的快乐和意义，还怎么能自信地去实现理想呢？

3. 从平凡处见非凡

一位幼儿园老师在评价本班孩子的美术作品时，举起一幅画，上面除了一些规则的横竖道道之外，什么也没有。老师微笑着向孩子们介绍道："老师数过了，这位小朋友的画中一共用了24种颜色，是我们班使用颜色最多的小朋友。我们应该为他在这方面先行一步而感到高兴。"的确，这幅画看似一无是处，然而这位老师却从中找到了孩子的长处，于平凡处见非凡。

其实，每个孩子都有自己的长处，他们的能力是多方面的。即使是最差劲的孩子也有优点，即使最完美的孩子也有缺点。如果我们带着欣赏的眼光和审美的心情去看孩子，就必定能从他们身上发现美好的东西。这正如伟大的艺术家罗丹所说："美是到处都有的，对于我们的眼睛，不是缺少美，而是缺少发现。"

4. 用长处带动短处

小芳是一名四年级的学生，平时又老实又安静。她天天坐在教室里，既不同别人讲话，也不看书，从不主动交作业，这并不是因为她不会做，只是不想做而已。无论老师怎么讲道理，她都无动于衷，老师开始感到有些无能为力，甚至对她失望了。后来，老师无意中知道小芳正在少年宫学画画，就留下了创作关于过年的美术作品这一项寒假作业，还特别嘱咐小芳，要她务必把自己的这份作业拿到学校来。开学了，小芳果然带来了她的作品。面对着这张色彩饱满、构图美观的图画，老师惊呆了。她抑制着自己的惊喜，向全班小朋友展示了那幅作品，并激动地对小芳说："老师从来不知道你的画画得这么棒！让老师大开眼界！这说明你很能干，也很聪明。我不相信这么聪明的孩子会拖拉作业！试试看，把你学画画的劲儿拿出来！一定能按时完成作业。"听了老师的话，小芳使劲地点了点头。从那天以后，小芳每天都能及时地完成作业并交给老师批改。后来，老师还在那周的小结中专门表扬了小芳。从此，小芳的精神面貌焕然一新，对学习的自觉性更强了。

聪明孩子是夸出来的。面对小芳不喜欢做作业的"短处"，老师很好地利用了小芳会画画的长处，"以长带短"，使她从此喜欢上了学习，这实在是教育孩子最高明的方法，也是值得父母们借鉴和学习的经验。

5. 适当"限制"孩子的长处

玲玲的妈妈发现自己的女儿很有弹钢琴的天赋，因为在没人教的情况下，玲玲居然能弹出曲子。为此，妈妈惊喜万分，立刻为女儿请来了专业的钢琴老师，还给女儿制订了教学大纲和远景规划。然而，一个月下来，玲玲一看见钢琴就头疼，再也不愿意摸钢琴了。

玲玲妈妈教育女儿的失败，正是出在了"给女儿制订教学大纲和远景的规划"上。孩子天生都有一种逆反心理，父母一定要注意。越不让干的事情，孩子往往干得越起劲，这就是孩子的天性。当我们发现孩子的长处时，为了保持这种兴趣和优势，不妨适当地对他的爱好加以"限制"。如此，孩子反而会因逆反心理而始终保持这个兴趣。当然，这种"限制"应该点到为止，以能够保持孩子的兴趣和劲头为度。

善于发现孩子的长处，需要父母对孩子多鼓励和多赞扬。只要我们不吝惜自己中肯的表扬，孩子自然就能从学习和成长中找到喜悦、自信，看到希望，因而，学习的兴趣会更浓，干劲会更足，进步也会更快。

用爱的语言鼓励孩子

如果有人问："你爱你的孩子吗？"相信父母肯定都会毫不犹豫地回答："当然爱！"但是，又有多少为人父母者懂得应该怎样爱自己的孩子呢？又有多少父母付出了自己的爱，却只换来孩子的反感呢？为此，我们不得不反思，什么样的爱，才是真正的爱；怎样爱，才能让孩子接受，才能让亲子之间保持融洽的关系。这是做父母必须要掌握的一个度，因为如果爱得不够，孩子就会缺少爱；如果爱得过度，这爱往往就会变成变了味道的爱、自私的爱，就会使孩子感到压力。

真正的爱应该是给孩子鼓励的爱，爱的鼓励从哪里来？从父母自身的改变中来！只要父母改变了自己的心态，就会把挑剔不满的目光变为欣赏满意的目光，把讽刺否定的语言变为赞扬肯定的语言……于是，爱的鼓励就出现了，奇迹也就发生了，孩子也就会变得越来越优秀了！

相信很多人会有这样的经验，当孩子还小时，无论扫地、洗碗，还是洗菜、淘米，往往什么事情都想抢着做。但父母总怕他做不好，于是，这个不让做，那个不让动。等到孩子真的长大了，父母想让他做一些家务时，孩子却变懒了，甚至连功课、作业也懒得做了。

不少父母为此感到疑惑，甚至伤透脑筋。为什么小时候特别勤快的孩子，长大之后就变懒了呢？但却很少有父母反思过，这恰恰是因为自己一次次地错过了鼓励孩子的机会。这个时候如果父母再一味地埋怨，就只能让孩子变得更加不思进取了。因此，要想让自己的孩子保持自信，积极进取、不断探索，父母就一定要记住：当孩子要做某种尝试时，只要没有危险性，不会危害到自己或别人，就应该鼓励他去做，提供机会让他大胆尝试。当孩子有小小的成功时，应适当鼓励他去争取更大的成功；当孩子发生了小小失误时，则应及时鼓励他勇敢面对，重新再来。

作为孩子，每次尝试做一件事情，他得到的应该是鼓励而不是呵斥，应该是欣赏而不是讽刺，应该是肯定而不是批评。只有这样，孩子才能变得越来越自信，乐于去尝试做自己感兴趣的事，并为实现自己的目标而不懈追求。

当孩子画出一幅不错的画、弹奏出一曲优美的曲子，父母若能轻轻地抚摸他的头，充满爱意地对他说："宝贝，你真棒，我为你感到骄傲！"孩子就一定能体会到一种温暖、美好的感觉，这种感情会沉积在孩子心底，催生出一种让他做得更好的力量。

"叛逆" 的孩子更需要关注

有一次，淘淘把卧室搞得乱七八糟，之后便跑出去玩耍了。等他回家时，妈妈忍不住说了他几句，要他赶紧收拾房间，他竟然回敬道："就不！"还有一次，淘淘在看电视，妈妈让他把电视关掉去做功课，他大声说："不，我就要看电视。"面对这个叛逆的淘淘，父母实在是伤透了心，却又无计可施，束手无策。

面对淘淘的这种"叛逆"，很多父母会觉得似曾相识，不少人因此认为现在的孩子越来越难教了，其实，这种"叛逆"的背后，有很多为人父母者应该了解的原因。

生活中，由于很多父母习惯了对孩子"发号施令"，习惯了对孩子大声训斥，习惯了忽略孩子的感受，于是，见不得孩子的"反抗"，更是忍受不了孩子的"叛逆"。如此一来，亲子之间的"大战"便不可避免地发生了，而"战争"的结果往往让父母对孩子失去了信心，让孩子对父母产生了敌意。其实，这样的"战争"是完全可以避免的，孩子的"叛逆"更是可以进行疏导的。

孩子的"叛逆"行为往往发生在父母的要求超越孩子的承受能力，或是父母的命令与孩子的权利（游戏、看电视等）相冲突时。"叛逆"的背后，起码隐藏着两个不为父母所知的原因：一是孩子企图利用叛逆行为，博得父母的关心与注意；二是希望通过叛逆行为，争取得到合理的权利，满足心理的需求，或改变父母的"命令"。

对此，介绍几点方法，供父母参考并灵活应用。

1. 与孩子建立合理的约定

父母可以与孩子商量，建立一套彼此共同遵守的行为法则。在这套规则中，父母应该给予孩子一定的权利和自由，具有明显与合理的奖惩方式。当孩子不遵守或触犯这些法则时，父母应善意地提醒孩子，而不应大声训斥或埋怨孩子不遵守规则。必要时，可以对孩子进行相应的惩罚，等孩子改过来时，则应对孩子进行赞赏和鼓励。

2. 避免使用命令口吻

日常生活中，父母应该避免使用命令的口吻，尤其是对孩子，更应时刻注意说话的语气，尽量避免命令孩子不准做这个或者不准干那个。其实有时候，孩子叛逆并非存心与父母"对着干"，而是父母口吻中充满霸气，令他受不了，于是，选择在沉默中爆发。

3. 学会观察孩子

日常生活中，父母应该时刻注意观察孩子。了解孩子的兴趣、爱好及特长，了解孩子喜欢玩的游戏，了解孩子最讨厌做的事情……针对孩子的这些特点，再以其矛攻其盾，鼓励他做一些他乐于一试的事。即便要让孩子做一些他不喜欢做但又必须做的事，也要慢慢诱导他，这样就不致招来太多的反抗。

当然，如果遇到孩子的反抗，父母仍应具备相应的雅量，容许孩子花一段时间来适应，待孩子的情绪稳定时，再和他商量。

4. 控制自己的情绪

面对孩子的无理取闹，父母应尽量控制自己的情绪，不要动不动就对孩子大发雷霆。同时，还要做到以身作则，不随便发脾气。试想，如果父母遇到对自己不利的事情，都会忍不住暴跳如雷，又怎能保证孩子不会模仿自己的行为呢？

总之，面对"叛逆"的孩子，父母应该做的不是以暴治暴，而是要尽量使自己冷静下来，认真分析孩子"叛逆"的原因，对孩子表示理解，并对其对症下药。相信，每个"叛逆"的孩子都是可塑之材。

支持孩子的兴趣

有一个男孩子对烹饪十分感兴趣，小小年纪就开始"研究"起厨艺，经常跑到厨房里看妈妈做饭、炒菜。这个男孩立志长大后成为一名出色的厨师。然而，他的父母却觉得孩子整天与油盐酱醋打交道，没出息，也很没面子。于是，反对孩子学习烹饪知识，还给孩子报了英语班和美术班，并强迫他背诵唐诗宋词。可是，小男孩却将父母给他的书搞得乱七八糟，英语课和美术课也不好好上，最后发展到一看到父母就没有好脸色。这下，他的父母开始犯难了，他们想不明白，明明是为孩子着想，他为什么不领父母的情呢？

其实，三百六十行，行行出状元。孩子爱好厨艺并没有原则上的错误。我们在前面已经提到过，作为父母，一定要善于发现孩子的天赋，保护孩子的天赋，培养孩子的天赋。因为孩子的天赋正是他的兴趣所在，当孩子觉得自己能够在某方面游刃有余地发挥潜在能力时，就会形成一种学习动力。然而，很多父母虽然能够准确地捕捉到孩子的兴趣，但大多数父母却像故事中小男孩的父母一样，认为自己孩子的某些兴趣难以成器，便想尽一切办法阻止孩子的这种潜能开发，一味地按照自己的意愿强迫孩子去学习他根本不感兴趣的东西。

实际上，这样的父母已经在无形中扼杀了一个正在成长的天才。因为他们这种方式是专断的，这样来教育孩子，不外乎会产生两种结果：一是孩子会倾向于遵从父母的"管教"而不敢逾越半点，从而导致孩子的创造力受到抑制；二是父母会遭到孩子的极力反抗，最终导致亲子之间"反目成仇"，父母成为孩子心中的"暴君"，孩子则成为父母眼中的"坏孩子""逆子"。但这样的结果都不是我们所希望的。

因此，父母只有支持孩子的兴趣，让孩子自主发展自己的爱好，在不违反大原则的情况下，做自己想做的事，他的独立意识才能得到强化，自我学习能力才能得到提高，才能拥有独立的性格和惊人的创造力。

那么，父母应该怎样支持孩子的兴趣呢？儿童教育专家认为，父母只有充分了解孩子的兴趣，才能正确看待孩子的兴趣，并支持孩子的兴趣。

1. 孩子的兴趣具有不稳定性和可塑性

孩子的兴趣会随着时间的推移而有所改变，往往前几天还爱不释手的玩具，到了今天却会让它"靠边站"，随之又对其他的事物发生兴趣。但孩子的兴趣是具有可塑性的，只要父母使用适宜的方法进行引导，孩子的兴趣在一定程度上是可以塑造和改变的。因此，为了培养孩子的良好兴趣和支持孩子已有的兴趣，父母应该每天抽出一定的时间陪孩子，和孩子玩游戏，并通过与孩子的交谈来了解孩子的内心世界，做孩子的知心朋友，培养融洽的亲子关系。如此，父母的一些良好兴趣也会在无形中影响孩子，并让孩子自觉地模仿父母的兴趣，以达到培养孩子良好兴趣的目的。

2. 孩子的兴趣具有广泛性

孩子的兴趣就好像他的胃一样，一生下来就已经做好接受任何"食物"的准备，只是需要外界环境长期潜移默化的熏陶，才会对不同的事物表现出不同程度的兴趣。因此，父母应该掌握好培养孩子兴趣的金钥匙，不要让孩子在许多种兴趣之间穿梭，以免使他在各种兴趣中应接不暇，疲于应付，最终导致对什么也不感兴趣，做事缺乏耐心。

3. 尊重孩子的兴趣

兴趣是因人而异的。因此，父母应该接受这样的事实：孩子的兴趣和成年人的兴趣完全是两回事。即使孩子的兴趣显得简单、幼稚，父母仍然要给予尊重，并主动积极地接受孩子的兴趣，而不是把父母自己的兴趣强加在孩子身上。另外，父母还可以积极地为孩子创造一定的条件和空间，鼓励孩子发展自己的兴趣。实际上，尊重孩子的兴趣就是让孩子拥有快乐，就是父母送给孩子的最好礼物；而发展孩子的兴趣，就等于给孩子的成长提供了沃土。

4. 帮助孩子改正危害身心健康的兴趣

由于受到社会上一些不良风气的影响，有的孩子对一些不利于身心健康的事情产生了兴趣，如抽烟、赌博、玩电子游戏、拉帮结派等，久而久之，就会形成坏习惯。对于这些，父母除了进行严厉的批评外，最重要的是要耐心地向孩子说明这些兴趣对他身心所带来的危害，尽量说服孩子，并鼓励孩子下决心改掉这些缺点。当然，在改错的过程中，哪怕他只是稍微改了一点，都要及时进行表扬，给孩子彻底改正的信心。

总之，孩子的良好兴趣是非常宝贵的资源。只要父母积极给予保护和支持，孩子的智能就会得到更深层次的开发，孩子也会变得越来越聪明。

奖励也要适可而止

有一对父母，为了鼓励孩子刻苦学习，制定出了一套奖励制度：只要孩子平时小考成绩在90分以上，或者在班上排名前10位，即可获得10元钱的奖励；如果进入前5名，即可获得50元钱的奖励。父母的这一招，刚开始还真管用，孩子在学习上比以前用功了。而且，每次放学回家，都是主动温习功课、写作业。但好景不长，没过多长时间，孩子就明显出现厌倦学习的情绪，父母只好继续提高奖励，并怀着"重奖之下，必有勇夫"的心态，期待着孩子能够更加刻苦地学习，但最终他们还是失望了。

虽然，这对父母的困惑我们可以理解，但他们在教育孩子的行为上，确实已经陷入了一种误区。这种动辄给孩子金钱、物质奖励的方法，往往会导致孩子只对奖品本身感兴趣，而缺乏对被奖行为的兴趣，甚至导致孩子对物质利益的过分追求，进而发展到把学习作为交换奖赏的筹码。

那么，怎样的奖励才更适合孩子呢？

1. 以精神奖励为主

对孩子的奖励应以精神奖励为主。主要表现为表扬、赞许、点头、微笑、亲昵等，这些都能达到鼓励、奖赏孩子的目的。当然，也可以把物质奖励作为一种辅助，但主要是给孩子赠送书籍、衣物、玩具、学习用品以及外出旅游的机会。切记，慎用金钱对孩子进行奖励。

2. 要把握奖励时机

对于年龄比较小的孩子，父母的奖励要及早，否则就会使奖励失去效力。因为孩子的兴奋来得快，去得也快，不要等时过境迁再奖励，那个时候孩子可能已经忘记自己什么事情做得对，或者什么事情做得让父母满意了，奖励的目的也因此无法达到。

3. 使用不同的奖励方法

由于孩子对新鲜事物永远充满好奇心，对旧的东西会很快失去兴趣，因此，经常更换奖励办法可以使奖励更有效。对孩子有吸引力的奖励方法，可以用来强化孩子的好习惯。例如，只要孩子能做到放学后先做完作业再玩，就可以奖励他多玩 30 分钟，这样，孩子就会慢慢养成放学后自觉完成作业的好习惯。当一个好的行为变成习惯固定下来后，父母可以再针对下一个行为，进行有目标的奖励。

4. 使用辩证奖励法

任何一个孩子都是既有优点又有缺点，因此，父母对孩子不能只奖不罚，也不能只罚不奖，而是要做到奖罚分明，不能因为奖，而看不到孩子的缺点，也不能因为罚，而看不到孩子的长处。在这方面，著名的教育家陶行知先生的做法可谓堪称经典，父母们不妨借鉴一下。

陶行知先生在育才学校当校长时，有一天，他看到一名男生用砖头砸同学，遂将其制止，并责令该男生到校长室等候。陶先生回到办公室，见那个男生已在等候他，便掏出一块糖给他，对他说："这是给你的奖励，因为你比我按时到了。"接着又拿出一块糖递给他："这也是给你的奖励，我不让你打同学，你立即停住了，说明你很尊重我。"男生将信将疑地接过糖。陶行知先生又说："据了解，你打同学是因为他欺负女生，说明你有正义感。"陶先生遂掏出第三块糖给他。这时，男生哭了，对陶行知先生说道："校长，我错了，同学再不对，我也不能打他。"陶行知先生又拿出第四块糖："你已认错，再奖励你一块，我们的谈话也该结束了。"

对孩子打架这件事，陶行知先生处理得游刃有余，实在高妙。这种奖中有罚、罚中有奖，用辩证的眼光看问题的思路和方法，确实是很多年轻父母应该学习的。

5. 父母要讲诚信

诚实守信、实事求是，是我们应该坚持的奖励原则。在奖励孩子的问题上，父母做到"言必信，行必果"是大有必要的。孩子对父母的许诺一般都会记得很清楚，因此，父母千万不要向孩子许诺自己做不到的事情，也不要用其他东西或奖励方式代替自己答应的事情，要让孩子深信自己能履行诺言。当孩子按要求去做了，就要按照事先说好的条件奖励他。如果答应了不兑现，或推迟兑现，会给孩子树立一个不守信用的坏榜样。

请家庭教师应注意的问题

到底要不要给孩子请家庭教师呢？如果要请，又该请什么样的人来给孩子当家庭教师呢？这些问题看似很简单，实际上却是大有讲究的。

1. 要不要给孩子请家庭教师

到底要不要给孩子请家庭教师呢？一直以来，家长们普遍存在着这样一个误区，认为孩子之所以学习成绩不好，是因为自己没有给他请到好的家庭教师。那么，实际情况确实是这样的吗？

有这样一个孩子，他的父母也在学校工作，从小学开始，家长从来就不给孩子吃小灶，只是告诉孩子在课堂上要认真听讲，在课后要认真复习，并按时完成作业，一直到高三毕业，从没有在外面请过家庭教师给孩子进行补课。而且，这孩子还有一个习惯，就是每天晚上10点以前准时睡觉，没有开过夜车。结果在高考的时候，他以全校第一名的成绩被北京大学录取。

从这个例子中，我们可以看到，不给孩子请家庭教师，不让孩子开夜车，不吃特殊的小灶，孩子不见得学不好，也不见得考不上好的大学。

那么，是不是根本不需要给孩子请家庭教师呢？也不尽然。如果你的孩子接受能力确实有问题，跟不上老师的步伐，该请的还是要请的。但是，一定要弄清楚，请家庭教师只是起到一个补救的作用，绝对不能幻想通过请家庭教师，让孩子一下子就能够成为优等生。所谓"一口吃不成胖子"，"冰冻三尺，非一日之寒"，这是我们都知道的道理。

2. 只找最适合的，不找最优秀的

既然在必要的情况下，可以给孩子请家庭教师，那么第二个问题也就来了：应该给孩子请什么样的家庭教师呢？

有的家长在给孩子请家庭教师的时候，往往喜欢请一些名校的在读大学生。家长们之所以这样做，无非就是那些名校的大学生都很优秀，请他们来

辅导自己的孩子，肯定是绰绰有余的。当然，家长们的这些想法和做法，是可以理解的。但从最后的结果来看，却总是不尽如人意，问题到底出在哪里呢？

有的家长可能又会说，问题当然出在自己孩子的身上了，这话当然没有错，如果自己的孩子没有问题，我们也用不着请家庭教师了。但是，话又说回来，既然请了家庭教师，目的不就是帮助孩子解决这些问题吗？如果问题还是没有得到解决，那么就不仅仅是孩子的问题，而且也有家庭教师的问题了。

家庭教师怎么会有问题？自己所请的不是名校的大学生吗？实际上，名校的大学生不但不完全具备给孩子当家庭教师的优势，相反还有一些劣势。因为名校的大学生，往往在中学的时候都是优等生。既然是优等生，他就不太了解孩子现在的处境，也不太清楚孩子现在所存在的问题，再加上他还是在校的大学生，根本就没有实际的教学经验。所以，孩子目前存在的一些学习上的问题，他是没有办法解决的。既然问题解决不了，那么成绩也就无法提升了。

名校的大学生虽然很优秀，却未必就适合给孩子当家庭教师。那么，什么样的人适合给孩子当家庭教师呢？其实，那些普通学校的老师，由于他们接触的差生比较多，所以比较了解差生们的问题到底出在哪里，并且知道如何去解决。因此，这些普通学校的老师，往往比名校的大学生、重点学校的老师更有经验，他们虽然看上去并不"优秀"，却是最适合给孩子当家庭教师的。

3. 不要让孩子对家庭教师产生依赖

我们前面已经说过，给孩子请家庭教师，是一种迫不得已的补救措施，平常的学习主要还是以学校的教育为主。但是，很多家长却为了请家庭教师而不惜花费重金，这实际上是一个本末倒置的做法，而且也给孩子发出了一个错误的信号，认为家庭教师可以代替学校的教育，甚至还胜过了学校的教育。这样一来，孩子自然就会对家庭教师产生依赖心理，心想反正我家里有家庭教师帮我辅导功课，所以用不着在学校里那么认真地学习，其结果必然导致严重的恶性循环。所以，家长应该注意，让孩子把主要的精力放在学校的学习上，而不要幻想着父母能够给自己请来什么样的高人，并在高人的指点下，自己什么都不用做，学习成绩就能够突飞猛进。这种事只会发生在武侠小说当中，而现实当中是不可能有这样的事的。要想有所收获，要想获得进步，就必须脚踏实地地去努力、去争取、去积累，这才是现实的，也是可行的。

从上述的几点中，我们可以看出，家长如何对待家庭教师是十分重要的，它关系到孩子在学习的路上，能否顺利地走下去。如果家长能够正确地看待家庭教师，采取正确的方法，灵活地运用，那么家庭教师就能够帮助孩子解决学习当中的问题，顺利地渡过难关；如果家长没有正确地看待家庭教师，并盲目地采取各种措施，那么这些措施执行得越有力，坚持得越到底，对孩子的伤害就越深。

所以，在如何对待家庭教师这个问题上，每一位家长都不应该等闲视之，因为能不能处理好这个问题，往往关系着孩子的前途和命运。

让孩子学会自主学习

自主学习，就是让孩子按照自己的想法和心意，根据自己的喜好、自己的水平、自己的行为方式，独立地接触信息，获得经验，提升认识，自主发展。孩子的自主学习，是使孩子身心获得自由、全面、和谐发展的学习方式。作为父母，我们应该本着"让孩子成为学习的主人"的理念对孩子进行引导。

作为一个独特的人，每个孩子的发展都与众不同，自主学习就是承认和发扬孩子的独特和与众不同，因此，自主学习应该是孩子学习的主要形式。

那么，应该怎样引导孩子进行自主学习呢？

1. 父母要充分了解孩子

要让孩子自主学习，父母首先要了解孩子的兴趣所在。因为兴趣是孩子主动学习的出发点，是打开孩子智慧的金钥匙。因此，父母一定要做个有心人，注意观察孩子的一些微妙变化，才能更好地了解孩子的兴趣和爱好，并进行有针对性的教育。这样，在教育孩子的过程中，孩子自然会受到兴趣的支配，继而对自己的学习产生动力。这样，父母的主导地位和孩子的主体地位有机地结合了起来，会让孩子成为学习中真正的主人。

2. 给孩子良好的开始

俗话说：良好的开端是成功的一半。这句话很有道理。因此，在开始引导孩子学习时，父母的工作要跟上，尤其是对于6岁以下的孩子，一定要重点培养他的独立学习能力。孩子年龄比较小，往往会因为某些生理上的因素影响孩子的注意力，也会因此导致孩子对待作业的态度、在课堂上的表现、对老师讲课的反应等方面出现问题，这些都是孩子学习能力的直接体现。父母可根据孩子的表现，及时发现问题，对孩子进行有意识的培养和引导，帮助孩子铸造良好的开端。

3. 与老师密切合作

很多父母错误地认为，一旦孩子进入了学校，他在学习上的所有问题都应该全部转交给老师，这实在是一种很深的误区。试想，孩子的成才有老师的功劳，也有父母的功劳，更是孩子自己努力的结果。把教育的责任全部推给老师显然是不合逻辑的，教育孩子应该是老师和家长共同的责任。所以，孩子进入学校后，父母应该经常主动与老师进行沟通，了解孩子在学校尤其在课堂上的情况。发现孩子有问题，也要及时与老师取得联系。只有这样，才能及时、有效地对孩子进行引导。

4. 经常与孩子沟通

父母每天应及时与孩子进行沟通。由于孩子的年龄还比较小，他的思想会比较单纯，只要父母耐心地与孩子进行沟通，孩子自然愿意把每天在学校的所见所闻，以及自己的想法与父母分享。父母应以倾听为主，一旦谈话中发现问题的苗头，应顺势引导孩子，把问题消弭在无形中。

5. 引导孩子树立正确的学习观

学习，其实是孩子自己的事情。但很多父母往往给孩子一些误导，以买玩具、带孩子出去玩等作为让孩子学习的交换条件。这样一来，孩子当然会觉得他学习是在为父母而学，没自己什么事，只要父母不监督，能偷懒则偷懒。因此，父母应该想办法改变这种现状，让孩子了解学习是他自己的事情，学到的知识也是他自己的东西，任何人也不能代劳。父母平常给孩子的礼物、玩具等，仅能作为对孩子的奖励，而不能作为学习的交换条件。

当然，在注重孩子的个体发展时，父母也不可忽视孩子之间相互影响、相互交流、相互协调、相互促进的作用。由于孩子的心智同处于一个发展阶段，因此，他们的心是相通的，他们比较容易相互理解。孩子之间的群体自主学习，同样也是培养孩子学习能力，发挥孩子间相互作用的一种自主学习形式。所以，父母应该让自己的孩子融入属于他的群体中，形成群体自主学习的方式，使孩子的自我协调和自我控制能力得到不断地发展。

第五章

玩耍也是孩子学习的一部分

很多家长往往认为，只要孩子上学了，就要把以前的那些玩具收起来，然后把所有的精力都放在学习上。实际上，这是不科学的，因为玩耍也是孩子学习的一部分。我们都知道，一个成年人，如果只知道工作，没有一点业余爱好的话，那么这个人基本上就没有什么情趣可言。对孩子来说更是如此，如果他只知道书本上的知识，却不懂得玩乐，那他就只是一个书呆子了。所以，该玩的时候，就让孩子尽情地玩吧！

既要读"圣贤书"，也要闻"窗外事"

很多父母在教育孩子的过程中，常常忽略一个最为关键的要点，那就是玩。玩，是孩子的天堂。孩子只有在这个天堂里，才能找到属于自己的快乐，找到自己的目标和方向，这是每个孩子的成长规律。

"家长是孩子的第一任老师"，然而，千百年来，这个"第一任老师"对孩子的教育，却给我们留下了太多的反思，尤其是现在的独生子女家庭，大多数父母对孩子的教育要么过于严厉，要么溺爱过度。前者没有做到尊重孩子的天性，后者则忽略了对孩子进行必要的引导。另外，还有很多父母的思想仍然停留在过去那种"两耳不闻窗外事，一心只读圣贤书"的传统观念中，认为孩子只有老老实实地认字、读书才能成才。当然，孩子能够静下心来读"圣贤书"固然是一件好事，但如果他整天除了认字、读书，却不知道"窗外事"，不知道怎么玩，这样的孩子，跟书呆子又有何异？

如果我们整天把孩子关在家中，让他与外面的世界隔绝，那么他肯定是没有"学坏"的机会，但同时也失去了童真的世界。在这种环境中成长起来的孩子，不仅会丧失想象力和无拘无束的欢乐，而且还会丧失在同龄群体中学习与人交流的机会，最终可能导致"智商"和"情商"低下，不懂得合作、谦让、礼貌、感恩……甚至出现精神抑郁和心理疾病，从而使自己日后走向社会变得难上加难。

玩，是孩子的天性，尽管孩子之间玩的一些游戏有时难登大雅之堂，但却能在不断的游戏中，激发他们创造的欲望和想象的空间，使其沉睡的大脑得以迅速被激活，在天才之路上迈出关键性的一步。

作为父母，请放下家长的架子，融入孩子的世界中吧，和孩子一起分享那份童真，那份久违的乐趣。当然，在和孩子玩耍的过程中，父母应不断地变化、推陈出新，让孩子在玩耍中学会思考，逐渐积累社会和生活经验。这样，不仅可以使自己那颗疲惫的心得到些许慰藉，还能在玩耍中与孩子进行交流、寓教于乐，这实在是教育孩子最为明智的一种方法。

父母应怎样和孩子一起玩耍，并在游戏中对孩子进行教育呢？

1. 认清玩与学的关系

一位知名幼教专家曾说过："玩就是学习，学习就是玩。"的确，对孩子来说，玩是最快乐的事，而且，孩子每天都是一边玩一边学，在玩中学习。玩——是孩子学习的一种方式，孩子能够在玩的过程中锻炼肢体、发展动作、促进记忆、开发智力、培养情绪，进而认识世界。父母只有认识到这一点，才能在和孩子玩耍的过程中掌握主动。真正聪明的父母懂得怎样在与孩子玩耍的过程中教育孩子，包括什么时候该玩、什么时候该学、什么时候既玩又学，都有一个时间和原则的问题。这样，既可避免一味地干涉和阻止孩子玩耍，又能做到不过分溺爱孩子，不让孩子牵着家长鼻子走，只为玩而玩，同时，也能培养孩子从小养成遵守原则的习惯。父母应该多为孩子创造玩的条件和空间，并陪孩子一起玩，引导孩子玩。

2. 让孩子在大自然中玩耍

周末或时间充裕时，父母可带着孩子走进大自然，让他和大自然中的万物对话，充分领略大自然带给人的那份愉悦。大自然除了能给孩子带来清新的空气，还能让孩子学到书本里没有的东西，感受在家里、教室里没有的广阔天地。更为重要的是，与大自然的接触还会激发孩子的想象力和对学习的兴趣。如果让孩子长久地远离大自然，不仅会使他的想象力、创造力受到制约，还会使他丧失基本的生存能力。因此，为了孩子的健康成长，为了培养孩子的学习能力和创造力，父母应尽量让孩子多接触大自然，并和孩子一起在大自然中尽情玩耍。

3. 指导孩子玩出智慧和品格

玩是孩子智慧的开始和情感发育的地方，也是孩子发现自我的桥梁。孩子在玩的过程中，会发现许多有趣的科学现象、自然规律，并从中得到快乐。父母可以指导孩子玩电脑，搞小发明、小制作，养殖，等等，将玩与学很好地结合起来，让孩子在玩耍中达到触类旁通、提高技能、开发智慧和高雅气质的目的。另外，通过饲养小动物，还能培养孩子细心、耐心、善良、富于同情心等优良品格。

4. 在玩中发现孩子的天赋和兴趣

与孩子玩耍的过程中，父母应注意观察，及时发现孩子的天赋和兴趣爱好，并不断给予他支持和鼓励。如果孩子善于背诵较长的诗句篇章，说明他有文学天赋；孩子听到音乐时就翩翩起舞或小声哼唱，说明他有音乐和舞蹈天赋；孩子玩玩具时，能自动按颜色、大小等分类，说明他有逻辑智能天赋；孩子在玩耍中喜欢异想天开，说明他有良好的观察力和想象力……

另外，父母还应把发现孩子的天赋和兴趣，当作发现新大陆似的积极对待，因为在孩子还没有形成自己的人生观和价值观之前，天赋和兴趣绝对是激励孩子进取的动力。

在这里，需要特别提醒的是，有些父母工作比较忙，但不管有多忙，一定要抽出一定的时间，分享孩子的快乐，分担孩子的烦恼。因为孩子不但需要有事业成功的父母，更需要有能够和自己进行心灵沟通的父母。

会玩的孩子更聪明

20 世纪 60 年代，美国政府曾经花了一大笔钱投资贫困子女，作为学前教育方案，即所谓的"提前开始，先前教育"，针对一些家境不太好、父母文化水平不高的孩子实行补偿教育。让这些孩子很小便开始学识字、计算等。然而，通过一系列的追踪研究发现，这种做法不但没能使这些孩子成才，甚至还使一些孩子出现头晕、疲劳等症状……

在每个年龄段，孩子都有着自己喜好的特殊活动，如果在此阶段，强迫他做一些不愿做的事，自然会给他造成较大的负担和压力。事实上，只有在玩游戏的过程中，孩子才能最愉快也最聪明，这种愉悦和聪明如果转移得当，会伴随孩子走上令人羡慕的"天才"之路。

　　每个孩子都喜欢玩，这也是大多数孩子在幼年时为什么显得较聪明的原因，尽管孩子的这种聪明看起来还显得比较幼稚。为什么喜欢玩的孩子会比较聪明呢？因为游戏和玩具为孩子打开了知识的大门，他们可以通过玩来探索世界，这也是他们身上天然存在的学习驱动力。因此，父母要学会鼓励孩子巧妙、愉快地玩耍，及时发展孩子的"玩商"。这样，不仅能帮助孩子学习更多的知识，还能使他们与别人和谐相处，愉快成长。

　　1. 帮助孩子及时了解周围世界

　　孩子玩的很多游戏都源于生活，这些游戏常常需要借助周围的一些事物。因此，孩子在玩的过程中，自然会对自己的周围世界产生一个更加深刻的认识。这种深刻的认识，又会促使孩子创造出更高级的玩法。在创造的过程中，孩子会变得更加聪明，而创造本身就是天才必备的素质。

　　2. 培养孩子与其他人积极相处的能力

　　孩子的许多游戏需要通过两个甚至更多的人才能玩，在玩耍的过程中，不可能总是非常顺利，有时会出现一些摩擦或矛盾。为了让游戏继续进行下去，孩子们自然就会协商，以求寻找出一个适合的解决方法。这样，孩子自然也就能学会与他人积极相处，提高了自身的组织协调能力。

　　3. 让孩子被人关注或学会关注别人

　　玩也需要技巧，技巧高明的孩子一般都玩得比较好，自然会成为其他孩子效仿的榜样，同时也会成为他们关注的焦点。如果你的孩子是这个焦点，说明他已经逐渐显露出天才的能力。如果他还不是焦点也没有关系，他可以在玩中学会关注他人、尊重他人、向他人学习，只要不放弃，自然会有赢的时候。

　　4. 提高孩子集中注意的能力

　　很多游戏需要孩子集中精力才能完成，为了出色地完成游戏，他会集中自己的注意力，而且，有些游戏的玩法还具有比赛的性质。为了取胜，一些好胜心强的孩子，还会投入较多的注意力去换取胜利。久而久之，便能提高孩子集中注意的能力。

　　5. 促进孩子左右脑的均衡发展

　　长期以来，由于受到应试教育的严重影响，很多老师和父母只是片面地注重孩子的左脑开发。例如，只注重阅读、写作、计算、分析、逻辑思维等方面的能力，却忽视了对右脑的训练，一些音乐、舞蹈、美术之类的课程在中小学校只能当作副科来学习，很少被重视，即便孩子有这方面的爱好，也很难得到持续的发展。这样，孩子的右脑就会逐渐被限制。

6. 锻炼孩子解决问题的能力

孩子所玩的一些游戏项目，其实也可说是社会问题和生活问题在某方面的缩影，或是一个侧面的反映。在玩的过程中，孩子自然会碰到各种各样的问题，这些问题也将磨炼孩子的毅力。既想把游戏做好，但又面临诸多的挑战时，他们不得不想尽一切办法去解决。当他们最终通过自身的努力，达到胜利的终点时，成就感会油然而生，而比这个更重要的收获还在于，在这个过程中，他们独立解决问题的能力也得到了提高。

当然，父母在此过程中所扮演的角色也非常重要，除了和孩子一起玩，还要观察孩子在玩中的表现，及时了解他的内心想法和感受，了解他如何表达兴奋和沮丧，观察他的忍耐力、好奇心和创造力。

会玩的孩子更有创造性

一些儿童专家曾经做过这样一个实验：他们首先设计出一个很新颖的玩具，这个玩具如同大箱子，箱子的探索性非常强，上面有许多按钮，每个按钮都有一定的功能。专家们请一批幼儿园的孩子参加实验，并把孩子们对玩具的反应记录下来，然后进行分类。结果发现，参加实验的孩子可以分成这样三种类型：第一种类型是没有什么探求精神，这类孩子只是看看，并不动手玩；第二种类型有一定的探求精神，这些孩子会去摸和动这个玩具，但并没有拿玩具做想象的游戏；第三种类型创造性比较强，他们不仅仅摸、动这个玩具，还会将它拿来把玩，并展开丰富的想象，比如，将它比作轮船、汽车等。

三年之后，这些孩子全都进入小学。专家们又到小学继续跟踪这些孩子，为他们做了一个创造性的测验，结果发现：第一种类型的孩子在测验中得分最低，得分最高的是第三种类型的孩子。这些孩子在学校的情况也表明：第一种类型的孩子在学校里往往表现出胆怯、沉默、不会交往等，而第三种类型的孩子的性格则比较开朗、活泼，而且非常愿意与人交往。

从上面的实验中可以看出，孩子喜不喜欢玩、会不会玩，与他们今后各方面的成长有很大的关系。爱玩的孩子，在玩的过程中能出点子，在今后各个方面也会表现得较为突出。玩，给孩子带来的进步是多方面的。比如，孩子与同龄人交往的能力，家长是教不会的，只有孩子自己在与同伴的玩耍中才能获得。假如小朋友们已经开始玩游戏了，你的孩子是否能从中途参与进去，怎样做才能得到同伴的欢迎，这些都需要他在游戏过程中进行学习。

目前，很多父母对孩子玩游戏，仍然存在很深的误解。一些父母认为，孩子只有读书、写字才叫学习，而游戏只是一些无法登大雅之堂的活动而已。其实，学习是一个比较广义的概念。试想，孩子在短短的几年里学会了吃饭、穿衣、说话，掌握这些技能，难道不都是通过学习而获得的吗？如果孩子不能很好地完成这方面的学习，对以后造成的影响，又怎能通过读书、写字来弥补呢？

其实，游戏是孩子模仿自然和社会的一种活动，是他们学习各种知识、熟悉社会的一种方式。所以，游戏不仅仅能使孩子掌握与同龄人之间相互交往的能力，还可以让孩子得到全方位的学习和锻炼。

不要给孩子戴上"紧箍咒"

在英国，有一个叫苏菲亚·尤索夫的孩子，有着巴基斯坦与马来西亚两国的血统。从她出生的那天起，父母就希望她将来能够出人头地，于是，他们对女儿进行了"残酷式教育"。当然，他们的这种"残酷式教育"也产生了效果，尤索夫13岁时就顺利地考入了牛津大学，攻读数学专业硕士学位。然而，这个看似前途无限的孩子，在硕士三年级考试结束后，为了摆脱父母的"残酷式教育"，突然从学校消失了。随后，她在给父母的电子邮件里说："我已经受够了你们的虐待……"

苏菲亚·尤索夫的"出逃"引起了英国教育界乃至整个社会的高度重视。为此，许多专家、学者纷纷发出呼吁，希望父母在对孩子进行教育时，要遵循孩子的成长规律，不要因希望孩子成才而不择手段地采取一些极端的教育方法，那样往往会使孩子产生强烈的逆反心理，最后导致悲剧的发生。

在中国，许多家庭大多都是独生子女，父母对孩子关爱有加，但许多父母对孩子的爱，往往无形中给孩子带上了"紧箍咒"，使孩子在得到父母关爱的同时备受压抑。很多父母可能会认为，自己把体力活全包下来，或者限制住孩子的玩心，就可以让孩子把全部的精力放在学习上。其实，让孩子干一些力所能及的体力活，就是锻炼孩子的动手能力，让孩子快乐地玩耍，就是锻炼孩子的创造能力。如果我们把孩子的这两种能力都限制住了，相当于把孩子的天才能力消灭掉了。如此一来，父母们望子成龙、望女成凤的愿望岂不成了无源之水、无根之木的空想了吗？因此，还是请父母取下孩子头上的"紧箍咒"，还给孩子一片自由和快乐的天空吧。

　　有些时候，孩子做出的事情会让成年人觉得不可思议，有时还会被弄得哭笑不得，但这都没有关系，因为这样，不正显示出孩子的可爱吗？例如，浇花时，孩子除了会给花浇水外，还会想当然地给花篮浇水，甚至给皮球浇水；吃饭时，会把饭菜撒满一身，还会将掉在地上的饭菜捡起来吃；穿衣服、鞋子时，可能会反穿或倒穿；可能会将花朵塞进冰箱，期待在冰箱里开出美丽的冰花……孩子的这些行为，用成年人的正常思维去理解，当然是可笑、离谱甚至是错误的。但这些对孩子来说，无疑是非常有趣和好玩的，而且，这些又是多么大胆的尝试呀，孩子从中获得的成就和欣喜，又何异于科学家实验成功的惊喜。孩子这样通过一步步地摸索、实践、思考而逐渐成长起来。如果父母因为害怕孩子犯错误，而对他们进行各式各样的限制，尽管孩子不会有犯错误的机会，但同时也失去了进步和成为天才的机会。

　　另外，喜欢问问题也是一个天才孩子所具有的特征，父母千万不要以为孩子提出的问题过于幼稚和可笑而嘲笑并阻止他的提问。每个孩子都有好奇心，这种好奇心恰恰是学习的最初动力。有了好奇心，孩子大脑发出的第一个反应往往是"为什么"，这个问号会促使他们使用语言向父母证实，并希望自己心中的疑问能在父母的帮助下找到答案。孩子在这一问一答中逐步增长智力，也是在这一问一答中逐渐引爆他的天才潜能。因此，如果父母限制孩子提问的权利，就等于限制了他的智力增长，最终会使一个天才的种子渐渐变成平庸之辈。因此，天才的成长之路，是从取下孩子的"紧箍咒"开始的。

在玩中提高孩子的学习兴趣

第四届全国十佳少先队员、拥有多项专利小发明的车亮，很小的时候，经常是不管拿到什么东西，就会想办法拆开来看一看，因为他觉得这样非常好玩，这在一般父母看来纯属破坏行为。好在车亮有一个较开明的父亲，父亲对车亮的这种行为不但没有责怪，反而给他一个自己的空间。在这个空间里，车亮可以尽情地玩，可以无所不拆。车亮对拆装的兴趣越来越浓，玩起来也特别用心。他每拆下一个零件都按顺序摆好，等琢磨明白后，再将它们一一装上。就这样在拆了装、装了拆的过程中，车亮渐渐成了一个小发明家。

作为父母，能够做到欣赏孩子的兴趣很重要，这是培养天才孩子最应具备的能力之一，但父母仅仅只是学会欣赏孩子的兴趣还远远不够，还需善于发现孩子的兴趣以及此兴趣对他来说是否有利。只有做到这一点，才能对孩子的兴趣善加引导，并通过玩的手段逐步提高孩子的兴趣，使其发展成为一种能力。

父母应该怎样培养孩子在玩中的兴趣呢？

现在的家庭大多都是独生子女，孩子在缺少玩伴的情况下，往往会产生"不知道应该怎么玩"的尴尬情景，有些游戏一个人可以玩，但却容易产生厌倦情绪。对此，很多父母可能会这样回答，牺牲自己的休息时间陪孩子一起玩吧。应该说，有这种想法并能付出行动的父母是值得肯定的，因为培养一个天才孩子，确实需要父母付出很多的时间和精力，但如果父母在培养孩子的过程中，没有给自己一个明确的定位，所有的付出则可能会付诸东流。

在陪孩子玩时，父母应该给自己怎样的一个定位呢？首先，要明确自己的身份，自己是在培养孩子，而不仅仅是陪孩子。因此，在玩的过程中，父母应该是导演，孩子则是主角。父母不应让孩子牵着鼻子走，毕竟，作为孩子，他们的兴趣是不确定的，孩子的兴趣常常会突然转变，原来很感兴趣，后来会突然不感兴趣，原来不感兴趣，后来会突然感兴趣，这都是非常正常的。父母要积极引导孩子的兴趣，而不是任由孩子自由发展。可见，父母与其"陪孩子玩"，不如"和孩子一起玩"，虽然两者都是玩，但却有着极大的差别。

1. 给孩子空间

可以带着孩子走入大自然，相信大自然中的很多事物都会成为孩子的玩具，而且这些还都是天然、环保、免费的玩具呢！孩子可能比父母更懂得利用这种大自然中的玩具，这个时候，聪明的父母应放手让孩子尽情发挥他的想象力和创造力，让他自由地在大自然中舒展个性。这个时候，父母没有必要紧紧地看着孩子，只要在大的方面把住安全关就可以了。

2. 赞赏孩子

当孩子在河边或者沙滩上找到一块他喜欢的小石头并向父母炫耀时，父母一定不要忘了投给孩子一个赞赏的眼光、一句由衷的赞美；当孩子在沙滩上造出一座碉堡、一条隧道、一座大楼时，父母应及时夸奖孩子的杰作，这样，孩子才会更有兴致地创作出更加神奇的作品。

3. 与孩子合作

与孩子在玩的过程中合作的方式有很多，比如，可以和孩子一起去找一大堆树枝、石子，将它们按种类、大小等不同标准分类，一起和孩子搭建一些建筑。如，用大一点的石头造假山、用小一点的石头铺路，用树枝造房子、用树叶当瓦片。

总之，父母如果能够和孩子一起沉浸在游戏的氛围中，一起欢笑、一起探究、一起动脑、一起享受和交流其中的乐趣，孩子必定会在愉快的玩耍中不断增长智慧。

孩子的创造力源于游戏

"等待着下课，等待着放学，等待着游戏的童年……"每每唱起罗大佑创作的这首《童年》，相信每个人的思绪都会不由自主地回到自己的童年。尽管每个年代的人成长环境都不一样，每个家庭的条件也不一样，但每个孩子，却都拥有同样的财富——游戏。是的，可以这么说，没有游戏，也就没有孩子的童年。孩子正是在游戏的过程中逐渐长大，逐渐学会应对社会的基本技能。然而，有许多家长却忽略了孩子在游戏中得到的快乐。

著名教育家陶行知先生曾说过："处处是创造之地，天天是创造之时，人人是创造之人。"对于一个孩子来说，游戏是他的学习之本、创造之源。当然，对于孩子来说，他的创造有太多的偶然，有时甚至是一种模仿，但我们仍然有理由而且乐观地相信，即便孩子最初的创造只是一种模仿，而且是一些无法进入大雅之堂的玩意儿，兴趣仍会促使孩子进行不断的探索。虽然只是一些偶然的发现，也是孩子不断探索的结果。

让我们先来看这样一个例子：

有一个男孩，想用一个长吸管吹出一个泡泡来，但无论怎样吹也无法成功，这个男孩环视了一下四周，突然计上心来，决定将长吸管变成短吸管再吹。他拿来剪刀把长吸管剪短，没想到他轻而易举就吹出了一个泡泡来，男孩欣慰地笑了起来，心想，如果将吸管再剪短一些，是否会吹出一个更大的泡泡呢？于是，男孩又用剪刀将吸管剪短，接下来，他竟吹出比自己脑袋还要大的泡泡。看着吸管尖端的那个大泡泡，男孩高兴得几乎连话都说不出来了。边上的小伙伴看见他吹出的大泡泡都非常好奇，"你是怎么吹出这么大的泡泡的？"男孩不假思索地对小伙伴说："我把吸管剪短了。"于是，有个孩子便拿来自己的吸管与男孩的吸管比长短，结果，男孩的吸管比他的吸管还要长出一大截，但他的吸管却吹不出这么大的泡泡，这又使得男孩陷入沉思……过了一会儿，男孩突然高兴地叫起来："啊，我明白了，我的吸管前面是斜的，你们过来瞧瞧！"大家看着自己手中的吸管，才发现原来他们的吸管顶端都是平的。后来，他们把自己吸管的顶端都切成了斜开口，结果每个人都吹出很大的泡泡来了。

在上面的这个例子里，虽然孩子们无法解释为什么吸管口切成斜形后，就可以吹出很大的泡泡，那个男孩的发现也可能是一种偶然，但对于孩子们来说，他们对一些事物的认识已经有了一个质的飞跃，并且能够运用这种新认识，创造出更加有趣的游戏，这就是我们所说的创造力。

作为父母，应时刻注意发现孩子在游戏当中萌发出的创造力，保护孩子最原始的创造意识和创新精神，使他们的创造性得以持续和发展。正如儿童教育家陈鹤琴先生所说："儿童本性中潜藏着强烈的创造欲望，只要我们在教育中注意诱导，并放手让儿童实践探索，就会培养出创造能力，使儿童最终成为出类拔萃的符合时代要求的人才。"这段话是很值得父母在教育孩子时借鉴的，否则，孩子与生俱来的可贵的创新精神，往往会被父母扼杀在摇篮中，这样导致的结果只能使孩子在模仿、顺从中长大，失去很多培养创造力的机会、条件和信心，最终成为平庸、缺乏独立见解的人，被时代所抛弃。

讲到这里，父母一定会问，哪些游戏可以快速地激发孩子的创造欲望和创造力呢？很多父母也许会认为，要想让孩子在游戏中培养创造力，就必须有一定的条件，最好的条件是为他们准备很多昂贵的玩具和娱乐设施。其实，并不需要这么复杂，有时只需和孩子玩一些简单的游戏就足矣。世界上有很多出身贫苦的天才，正是通过不断的探索，"偶然"发现了一些现象，再经他们进一步创造，改变了整个人类的生活，同时也改变了他们的人生。

对孩子来说，最有益的游戏莫过于那些能让他们任意想象，能挑战他们的学习新技能，能激励他们深入地思考，能让他们从失败中学习的游戏。当然，父母和孩子一起玩，也能锻炼自己的创造力。如果父母不知道该和孩子玩些什么，或者不知道怎么和孩子一起玩，那就从下面一些简单的方法开始吧。相信这些简单的游戏，一定能够帮助父母让孩子在每天的游戏过程中充满创造力。

1. 神奇之旅

父母可以先教孩子用纸折一架飞机，然后想象着和孩子一起乘这架飞机来一次神奇之旅。可以问问孩子，他想到什么地方去，无论是欧洲、非洲还是北美洲，父母都应该鼓励孩子展开想象。如，和孩子一起"到"了某个"地方"，问孩子发现了一些什么现象，有什么纪念品可以带回家，等等。这样，父母就可以带着孩子了解各个地方的风情与特点，而且，孩子的地理知识也会在这样欢乐的游戏中，不知不觉地掌握很多。

2. 捉迷藏

这是一个最简单不过的游戏了，但同时也是一个最能引发孩子创造欲望的游戏。孩子在玩捉迷藏的游戏时，经常无须大人的指点就可以找到很好的藏身之地，而且还能学会在日常生活中观察事物，这种观察的习惯往往能使孩子获得意外的惊喜。

3. 猜谜语

猜谜语表面看似较难，但只要父母引导得当，孩子还是会很快产生兴趣的。刚开始时，父母可以找一些比较简单的谜语，并采取步步提示的方式引导孩子进行思考，自己查找答案，直到他最后说出正确的答案为止。当然，也可以反过来，让孩子编谜面由父母猜。

4. 拼图片

如果你的孩子喜欢画画或动手操作，那将是一个非常好的游戏。父母可以从杂志上或其他地方找一些图片，然后将图片撕成两块或者若干块，再让孩子把这些小块的图片拼成一个完整的大图。也可让孩子把其中一张小图片粘到一张纸上，然后引导孩子用彩色蜡笔或荧光笔，把图片缺少的地方涂出来。虽然孩子创造出来的图画没有原先的好看，甚至可能会显得有些不伦不类，但这毕竟是孩子自己的"杰作"，他肯定会觉得非常有意思，而且会更加乐意地创造出更好的作品。

玩出孩子的创意

在全国中小学生金钥匙科技竞赛场上，曾发生过一件耐人寻味的一幕。比赛当天，来自全国各地的 100 多名中小学生选手齐聚在一起，一决高下。然而，比赛没有进行多长时间，差异就明显地表现出来了：在科技能力方面，出现了大不如小的局面，也就是高中生的表现比不上初中生，初中生的表现又比小学生逊色。这种奇怪的反差主要表现在动手题、科幻题和信息技术题等方面。如科幻题，小学生的想象可谓天马行空、极富创意，高中生和初中生却出人意料地无话可说。在信息题和动手题方面，小学生的表现也比中学生出色很多。

很多父母越来越注重对孩子创意能力的培养，这当然是一件非常好的事情，因为一个创意的爆发，往往会使孩子创造出惊人的奇迹。

怎样培养孩子的创意能力呢？父母除了买一些富有想象力的玩具给孩子，还应利用日常生活中的点点滴滴培养孩子的创意，给孩子一个自由的想象空间。

1. 讲故事

每个孩子都喜欢听故事，他们可以在故事中天马行空地幻想各种角色，不加限制地进行模仿。父母应选择一些内容、图画都较丰富的故事书。给孩子讲故事时，加上声音、动作等，借此引发孩子的联想力。

2. 活化玩具

父母可引导孩子把玩具当作具有生命的伙伴，不断地教孩子和这些玩具对话。比如，让孩子对玩具说："你好！我们来做一个游戏怎么样？"如果孩子不小心把玩具弄倒，可以让孩子对玩具说："对不起，你一定很痛吧，下次我会注意的。"这样做，不仅能培养孩子丰富的想象力，还能让他从小拥有一颗爱心。

3. 玩水、泥沙、小石块

有条件的话，父母可经常带孩子到河边或小溪边玩，还可以和孩子一起玩水、泥沙、小石块等。水，对孩子来说是抒发性的游戏道具，当孩子利用不同的工具去装水、玩水时，可以增加他对不同物品的认识。如，用一个瓶子装水，可以装满满的一瓶，但如果用"竹篮打水"，却只能是"一场空"。沙子和小石块对开发孩子的想象力，更是不可忽视，父母带孩子到沙滩上用泥沙和小石块堆砌各种不同形状的建筑物，便是发挥孩子自由创作的极佳方法。

4. 玩积木

积木可以给孩子带来很大的想象空间。例如，可以让孩子用积木随意塑造各种各样的建筑物，用积木砌桥、盖楼、筑隧道，设计自己喜爱的城市及各种场所，以促进孩子认真思考的精神，同时达到锻炼肌肉的目的，真可谓一举两得。

5. 玩面粉

将面粉和食盐各一半分量倒入容器内，再加一些水和少许食用色素搓成面团，让孩子做泥塑，揉捏出自己喜爱的动物形状。父母也可在一旁做指导，或让孩子模仿，以激发孩子更多的想象力和创造力。

在教孩子玩出创意时，父母应积极地参与孩子的游戏，但又要给他留出足够的空间，让他自由地进行创作。让孩子自己去玩，即使孩子的玩法与你的想法不同，只要他玩得认真、投入，就不要插手打搅他。不要在孩子玩得最高兴的时候打断他，或强迫他终止，可事先和孩子打招呼，让他有心理准备。即便是事出有因，迫不得已，也要向孩子解释清楚。当然，如果孩子的创意基本用尽，父母可在一旁给他提示，以鼓励他再行尝试。另外，在孩子玩的过程中，父母千万不要吝啬自己的赞美，对孩子善用赞美胜于物质上的鼓励，父母的认可和赞美，可以提高孩子创作的自信心。当然，即使孩子在玩时出现了失败，父母也不要打击、批评他，更不可过于严厉。如果对孩子的要求过高，常常会造成孩子在思想上的自我束缚，失去创作的空间和热情。游戏时，不要刻意和着重选择具有教育意义的游戏，有时目的过于明确，或功利心太强，反而会减少孩子发挥想象力的热情。

在玩中开发孩子的智慧

德国著名"神童"小卡尔·威特出生时，身体状况不好，而且，还被人认定为弱智儿，其父卡尔·威特却从未放弃对小卡尔·威特的精心培养。在最初胎教的基础上，老卡尔·威特在儿子出生第 15 天起，就开始对他进行早期教育，并利用各种好玩的游戏对小卡尔·威特进行各种智力方面的训练，以期培养他独立发现和解决问题的能力。结果，引爆出了他惊人的天才潜能——9 岁精通 6 种语言，10 岁进入大学学习，14 岁成为博士，16 岁被聘为大学教授……

当然，小卡尔·威特的成才与其父亲独特的教育方式是分不开的。玩是孩子的天性，科学研究证明，童年时期的玩耍和游戏，会让孩子的大脑快速形成神经连接，编织大脑神奇的网络，最终使大脑潜能得到最大限度地开发。玩耍中，孩子的智慧和潜能得到原子裂变式的立体膨胀，以快于常人百倍的速度进入智慧发展轨道。因此，玩，可以使弱智者爆发出惊人的智慧，也可以使平庸者成为天才。

要想让孩子在快乐成长的同时，引发其智慧和潜能，父母可以从以下几方面入手。

1. 培养选择能力的智慧

日常生活中，父母可通过各种游戏或亲子互动，培养孩子的选择能力，进而让他学会对事情做出正确的判断。在培养孩子的选择能力上，父母应注意三个要点：一是多出选择题；二是多搞活动，让孩子做自己喜欢的事；三是回答孩子问题时不要答得太满，要给他留有思考的余地。例如，孩子问："天空上有没有飞碟?"父母不要不假思索地回答说"有"或"没有"，可以婉转地告诉孩子："这是一个很有趣的问题，但又属于自然科学现象，等你以后自己慢慢探索，相信会弄清这个问题。"另外，父母还应学会给孩子权利，让他自己去选择。

2. 培养创意能力的智慧

父母可以用玩具、故事、积木、图片、颜色、音乐等刺激手段，促进孩子创意能力的开发。只要孩子在充满创意的环境下成长，他的一生将具有无穷的创意能力。（关于这一点，我们将在本书第六章中进行重点介绍。）

3. 培养孩子学习的智慧

天才的一生，其实都是在学习当中度过的，因为对于他们来说，学习已经成为一种习惯，一种人生态度。父母应该怎样培养孩子的学习能力呢？

①培养孩子的学习兴趣。法国启蒙思想家、教育家卢梭曾说过："要启发儿童的学习兴趣，当这种学习兴趣成熟的时候，再教给他学习的方法。"培养孩子对学习的兴趣，是教育孩子的根本。

②让学习变得有吸引力。要让学习变得有吸引力，父母必须表现出自己对学习的兴趣，同时，认真地听孩子讲述他在学校的所见所闻，让孩子觉得学习是愉快的。还要鼓励、支持孩子在学校参加各种课余活动。

③帮助孩子养成良好的学习习惯。要培养孩子良好的学习习惯，并非一味地通过强迫就可以达到。父母可以给孩子规定出一个学习的时间段，即在这个时间段里，让孩子只做功课，不做其他事，等孩子把功课做完后，要让他玩个痛快，同时还要引导他听音乐、学绘画、练书法等，鼓励他做自己感兴趣的事。

④让孩子看到自己的进步。对孩子来说，最大的乐趣莫过于在学习中取得成绩，成绩会让他对学习产生更大的兴趣和信心。因此，父母一定要注意经常让孩子看到自己的进步。例如，每天检查一下孩子的作业，把孩子的学习情况和学习成绩做一个简单的记录，并把孩子的作业本都收藏好，过一段时间将它们拿出来，让孩子自己比较一下。还可和孩子一起探讨，这段时间他哪些方面有进步，哪些地方还做得不够。这样，孩子对自己的成长轨迹就会看得很清楚，对学习自然就会产生更大的信心和兴趣。

⑤为孩子树立适合的目标。目标是孩子奋斗的方向，如果制定的目标过高，则会使孩子望尘莫及，从而失去信心；如果制定的目标过低，则往往不能激发孩子的学习兴趣和追求新知识、见识新事物的愿望。因此，父母可以在孩子学习兴致较高时，为他制定一个合理的阶段性目标，并鼓励他去实现。

⑥创造良好的学习环境。孩子能否成才，环境十分重要。家庭作为孩子生活的基地，能否为孩子创造一个良好的学习环境，对孩子的学习有直接的影响。良好的家庭学习氛围不仅仅是安静、舒适的住所和明亮的书房，更需要靠父母的自身行为来营造。例如，父母对学习的态度和行为，就是建立良好学习气氛的关键所在。如果父母热爱学习，把学习作为自己最大的爱好，把谈论学习作为重要的话题，这就是给孩子创造了最好的学习环境。

4. 培养孩子运用知识的能力

英国著名哲学家培根曾说过："知识就是力量。"但如果进一步推敲，就会发现此话还有缺陷。一个人如果只有知识，但却不知道如何运用，其实还是无法产生力量的。也就是说"知识就是力量"，是源于对知识的合理运用。因此，父母应教会孩子将学到的各种知识，合理地运用到生活当中去，让孩子学会活学活用。

5. 培养孩子把握人际关系的智慧

孩子的成长，与人际关系密不可分。父母可通过让孩子与外界接触并给予指导，培养其处理人际与公共关系的智慧。培养方法主要有如下几点：

①父母以身作则。父母要善于处理与家人、朋友、邻居的关系，为孩子创造一种文明、和谐的人际交往氛围，不要给孩子负面的影响。

②培养孩子的爱心。父母时常对孩子表现出关怀、支持和鼓励，对孩子形成善良、温和的性格具有直接的作用，同时，帮助孩子学会关爱和体贴他人，对孩子自信和自尊的形成有积极的影响。

③鼓励孩子与同伴交往。同伴交往可以为孩子提供分享知识经验，互相模仿、学习的重要机会。在实际交往中，孩子可以了解他人的观点，并以此为依据调整自己的行为，学会站在别人的立场，转换角度思考问题，逐渐克服以自我为中心的思想。

④合理要求孩子。父母应根据孩子的年龄特点，对孩子做出合理的要求，如，3—4 岁的孩子常常会以自我为中心，缺乏换位思考的能力，无意识中会认为自己所想就是他人所想。如果你让一个 3—4 岁的孩子为妈妈选择生日礼物，他理所当然地会选择一些他喜欢的玩具，而不会为妈妈选择一束鲜花或一瓶香水。而对于 6—7 岁的孩子而言，他已经渐渐明白不同场合对他的行为会有不同的要求，并知道如何分享自己的快乐、帮助别人、与别人合作等。

⑤鼓励支持孩子。如果一个孩子生活在鼓励之中，他就会学会自信；如果一个孩子生活在讽刺之中，他就会学会懦弱。因此，父母一定要为孩子营造一个宽松、激励的成长环境，多给孩子一些表扬和鼓励，少一些批评和讽刺。在激励环境中成长起来的孩子，始终会获得一种愉悦和自信，拥有的积极状态将帮助他获得良好的人际关系。

总之，要开发孩子的智慧，父母应做到给孩子时间，让他自己去安排；给孩子空间，让他自己去磨炼；给孩子条件，让他自己去探索；给孩子问题，让他自己找答案；给孩子困难，让他自己去挑战；给孩子机遇，让他自己去抓住；给孩子冲突，让他自己去解决；给孩子对手，让他自己去竞争；给孩子权利，让他自己去选择；给孩子梦想，让他自己去实现。

都是电子游戏惹的祸吗

小夏是成都某小学四年级学生，别看他只有 11 岁，却已有 3 年的网龄了。小夏的父母工作较忙，平时没多少时间管他，小夏便开始渐渐迷恋上了网络游戏。开始他还能控制自己做完作业再玩电子游戏，可后来逐渐管不了自己了，放学回家书包一扔，便上网打游戏，直到后来发展成通宵达旦地上网。白天上课小夏自然没了精神，经常趴在课桌上睡觉，父母知道后说他几句，他便回敬几句。一天，妈妈擦电脑，不小心碰到他心爱的键盘，他伸手就打妈妈，妈妈额头上至今还留着一道被他用游戏卡划破的伤痕……

目前，有许多孩子为了玩电子游戏而荒废了学业，与此相对应，许多父母也是谈"网"色变，对孩子玩电子游戏采取粗暴的限制。然而，孩子的表现却依然让父母担忧，有的孩子一离开电子游戏，便显得无精打采，没有心情玩其他游戏，更不用说学习了；有的孩子为玩电子游戏与父母闹起了矛盾，更有甚者背着父母跑到网吧去玩游戏。

电子游戏到底是什么呢？为什么孩子一玩起来就会上瘾？家长该不该限制孩子玩电子游戏？应该怎样引导孩子寓教于乐呢？

客观地说，电子游戏和其他娱乐项目一样，不仅可以锻炼孩子反应的敏捷性，还可以开发他的智力。也就是说，电子游戏可以作为孩子体验人生的一种文化方式和娱乐方式，至少可以帮助他们借此学习拼搏、竞争和协作，提高判断和反应能力。当然，如果没有经过正确的引导，玩电子游戏对孩子的负面影响也是不容忽视的。可以说，电子游戏是一把双刃剑，它产生的负面效应，必定会给孩子的学业带来剧烈的冲击和影响。电子游戏的娱乐性太强，容易让孩子上瘾，而且内容多是一些暴力、打杀的场景，非常刺激，容易让孩子陷入其中，难以自拔。

其实，电子游戏作为人类文化的一种现象，其繁荣已成为一种趋势和必然。今天的孩子对电子游戏趋之若鹜，只要引导得当，也可以从电子游戏中得到收获：

①锻炼精细动作和手眼协调能力；

②扩大眼界，丰富知识，促进智力发展；

③学到一种互动，在游戏中边玩边学，寓教于乐；

④提高专注力；

⑤锻炼主动思考和探索、尝试用其他方法解决问题的能力。

因此，父母对于孩子玩电子游戏，最好的办法是"宜疏不宜堵"，通过正确引导帮助孩子"玩物不丧志"，在玩中"玩"出文化品位，"玩"出天才。

1. 了解电子游戏

既然电子游戏已成为一种潮流，父母如果一味盲目地抵制或粗暴地干涉，显然是不明智的做法，甚至可能起到适得其反的效果。好的做法应该是父母要及时地了解电子游戏，这样至少可以起到两方面的作用：一是可以防止孩子玩一些不健康的游戏；二是对孩子玩游戏的时间可以适当地给予安排，事先约定孩子玩游戏的时间。同时，也只有父母了解了游戏，才可能看懂孩子的游戏，才可能帮助孩子选择适合的游戏。

2. 控制孩子玩电脑的时间

既然孩子容易沉迷于电子游戏，父母就应引导孩子学会控制，不要让孩子因为玩游戏而荒废了学业，以降低电子游戏带来的负面影响。

3. 陪孩子一起玩

如果条件许可，父母应该尽量抽出时间陪孩子一起玩。一方面，可以对电子游戏有一个更加全面的了解；另一方面，还可以为孩子选购适宜的游戏软件，为他提供正确适合的指导和训练，避免孩子玩一些不健康的游戏。父母还可和孩子一起探索，指导他在玩电子游戏中增长知识、陶冶情操、发展智力、培养能力。

4. 为孩子创造一个安全、舒适的环境

尽可能地为孩子配置一套适合其身高的电脑桌椅，配置电脑防辐射屏或防辐射眼镜，而且还应做到保持房间内充足的光线。

5. 均衡地发展孩子的各种游戏

有很多孩子一旦接触了电子游戏，便不再对其他游戏有任何的兴趣。对此，父母应对其进行及时的引导，让他尽可能多地接触现实生活和身边的人，多和他聊天，和他一起进行各种室外活动，引导他参与其他小朋友的游戏，丰富他的生活。

第六章

不可缺少的素质教育

如果说应试教育注重的是学历，那么素质教育注重的就是能力。学历和能力，孰轻孰重？可以说都很重要，只有学历而没有能力，孩子在社会上就很难找到适合他的位置；只有能力而没有学历，孩子在社会就可能很受委屈。所以，在注重孩子分数和学历的同时，我们更要注重孩子各项能力的发展，因为这才是他日后真正安身立命的法宝。

优雅气质是这样培养出来的

正如世界上没有两片完全相同的叶子一样，世界上同样也没有两个完全相同的孩子，每个孩子都有着属于自己的个性与特点。孩子的气质和性格虽与先天禀赋有一定关系，但特征明显的、稳定的气质和性格，决不是一出生就形成的，而是在后天的长期生活实践中逐渐形成的。儿童期是一个人气质和性格形成的初始阶段，也是人生极其重要的阶段，对孩子起着不可估量的作用。直接影响孩子气质和性格形成的主要因素，是家庭环境和社会环境，是与孩子经常接触的人。因此，在孩子气质和性格的形成阶段，父母要给他以特别的关注，要帮助他分清真善美与假恶丑。随着孩子不断长大，父母要不失时机地引导孩子时常对自己进行积极的自我调节，使孩子的气质和性格日臻完美。

一般情况下，孩子的气质可分为三种类型，即：易教养型、难教养型和缓慢活泼型。易教养型的孩子情绪好，生活有规律，较少产生不安情绪，对陌生人和环境有较强的适应能力；难教养型的孩子生活不规律，害怕与陌生人和环境接触，对自身和外界刺激的反应过于强烈；缓慢活泼型孩子的特征介于以上两种类型之间，他们的反应较慢，不够活泼且内向，对新鲜事物倾向于退缩，随着他们逐渐长大和经验的增加，他们对事物的反应和活泼程度会逐渐增强。为了使孩子的身心得到健康成长，父母应提前了解孩子气质类型方面的知识，并根据自己孩子的气质特点，因人施教。

其实，不管哪种气质类型，都有积极的一面和消极的一面，父母教育孩子，就是引导和帮助他发扬积极的一面、克服消极的一面。因此，父母的教育方法显得极为关键。父母要根据孩子的气质特点采取适当的方法，循序渐进，不可操之过急，以避免压抑孩子的情绪或让孩子对此产生反感。

一般而言，10 岁左右是孩子情感发展的关键期，在开发孩子智能的同时，请注意不要错过培养孩子良好的气质与性格的最佳时期。

我们都知道，艺术对于陶冶孩子性情起到很好的作用。父母们可以有意识地让孩子受到艺术的熏陶，等孩子放学回家后，可以播放一些比较轻柔的音乐，这样，不但可以在潜移默化中培养孩子的专注力，还可以培养孩子的节奏感。此外，父母还可以利用游戏培养孩子的音乐智能，比如，用拍手的方式拍出一个节奏，让孩子来模仿。这样不但能够培养孩子的模仿能力、节奏感，还可以让他学会集中注意力，同时使亲子关系更加密切。

值得注意的是，一些父母总觉得如果孩子学会乐器演奏、舞蹈、绘画等，是一件很有面子的事。于是，在孩子很小的时候，便开始正式安排他参加乐器、舞蹈和绘画培训。殊不知，枯燥单调的学习，对孩子来说是一个十分痛苦的过程，其结果往往会造成孩子的逃避心理。

因此，对于 10 岁左右的孩子，最好还是选择让他玩一些音乐游戏，聆听一些古典音乐、参观画展，等等。这些对培养孩子的艺术兴趣和爱好，有很大的促进作用，等孩子对艺术产生深厚的兴趣之后，再让他真正地学习，孩子自然就会主动地投入，学习的效果也会好得多。

培养孩子的注意力

保持良好的注意力，是大脑进行感知、记忆、思维等认知活动的基本条件。有教育专家说：注意力是学习的窗口，没有它，知识的阳光就照射不进来。对孩子来说，注意力是至关重要的。有人做过这样的实验：被试者在注意力高度集中时背诵课文，只需读 9 遍就能背诵下来，而同样难度的课文，在注意力不集中时，竟然读了 100 遍才记住。可见，注意力与人的学习效率有着非常密切的关系。

在很多有关伟人的传记、逸事中，随处可以看到他们高度集中注意力的例子。比如，牛顿在做实验时，把怀表当鸡蛋煮；居里夫人课间演算习题时，有同学恶作剧地在她身旁堆满了凳子，她竟丝毫没有察觉；爱因斯坦思考问题时，竟把和他一起乘车的小女孩忘记了；王羲之写字入了迷，竟把墨汁当蒜泥，用馒头蘸着吃……他们之所以能成为天才，恰恰就是因为当他们沉浸在自己的天地时，常常忘记了时间、空间的存在，忽略了身边的环境，甚至忘记了自己身边最熟悉的人和事。

爱因斯坦的一位朋友在为他作传时，曾经谈道："他特别能集中注意力，我确信那是他成功的真正秘诀，他可以连续数小时，以我们大多数人一次只能坚持几秒钟的程度完全集中注意力。"数学天才华罗庚也曾说过："天才比常人能更高度地集中注意力。能长时间集中注意力勤奋工作的人，才可能成为天才。"

因此，父母要想把孩子培养成为天才，不但要培养孩子具备超常的毅力、耐性和不计代价的投入，更重要的是要培养孩子具有长时间的、高度集中注意力的能力。

那么，孩子的注意力应该从哪些方面去锻炼呢？

1. 创造良好的环境

对于孩子来说，虽然他的求知欲比较强，自我控制能力却比较差；虽然他喜欢学习各种知识，却无法持久。那是因为孩子往往经不住诱惑，很多干扰因素会使孩子的注意力分散。因此，要想使孩子集中注意力，父母首先要帮助孩子排除一切可能分散注意力的因素，事先做好各种准备。

创造一个安宁舒适的环境，是集中孩子注意力的必要条件，有条件的家庭最好能让孩子有一个固定地方学习，即便达不到这样的条件，也要力求给孩子一个单纯的学习环境。另外，在孩子学习前，最好不要让他玩一些新颖的玩具或有趣的游戏，避免他过于兴奋而无法静下心来。当孩子学习时，父母不要在他的旁边走来走去，或聊天、听广播、看电视等，因为这些都会严重地分散孩子的注意力。最好的办法是，当孩子学习时，父母也在旁边坐下来读书、看报，创造良好的学习环境，帮助孩子提高注意力。

2. 明确目的

明确目的，可以使孩子的注意力较长久地坚持下去。比如，父母在窗台上养一盆花，孩子不一定会注意它，但父母如果对孩子说："它不久就会开出漂亮的花儿，咱们等着欣赏吧，看谁先看到花骨朵儿。"这样，孩子就会经常注意它。要想让孩子的注意力持久，父母就不能仅仅要求孩子做什么，甚至强迫他做什么，而要让他明白为什么要这样做，激发他做好这件事的愿望，愿望越强烈，注意力就能越持久。

3. 充分利用孩子的好奇心

孩子对某事物的兴趣越浓，越容易形成稳定和集中的注意力。因此，父母可以鼓励孩子从事各种活动，让他在活动中发觉和发展自己的能力及兴趣，并借以培养他的注意力。

强烈、新奇、富于运动变化的事物，最能吸引孩子的注意。很多孩子对会唱歌的生日蛋糕、会跳的小青蛙、会自己走路说话的娃娃等玩具产生强烈的好奇心，并且集中注意力去观察和摆弄它们，正好说明了这一观点。因此，对于孩子，特别是0—3岁的孩子，采取这种方法激发其注意力，是最理想、最有效的。

另外，父母还可以经常带孩子到一个全新的环境中去玩。比如，带他逛公园，让他看一些未曾见过的花草、造型各异的建筑及其他引人入胜的景观等，通过激发孩子对新事物的好奇心，培养他的注意力。

4. 培养孩子自我控制的能力

孩子学习中遇到困难和干扰，仅靠注意力是不够的，还必须有意识地培养他的自我控制能力，使注意力服从于活动的目的和任务。因此，要帮助孩子排除外来干扰，维持长时间的注意力集中，还必须培养孩子具备一定的自制力。

培养孩子的自制力，可以在日常生活中有计划地进行，从帮助孩子控制外部行为做起，要求孩子在一段时间内专心做一件事，不要一会儿干这个，一会儿干那个。还可以让孩子通过某项专门训练，如练琴、书法、绘画等方式，培养他的自制力。训练时最好固定时间、固定地点进行，这样可以形成心理活动定向，即当孩子在习惯的时间和地点坐下时，精神便会条件反射似的集中起来。

总之，影响孩子注意力的因素，既有生理因素，也有心理因素和社会因素。作为父母，既有责任培养孩子集中注意力的能力，更有责任为孩子营造出有利于其集中注意力的环境。

训练出孩子敏锐的观察力

孩子从一出生就对周围的事物充满好奇，他所有的感官包括视觉、听觉、嗅觉、触觉、味觉等，都在不停地接收新的信息，这就是一种观察力。观察力对于孩子来讲是非常重要的，例如，孩子可能会由于对身边的事物产生好奇，而主动地去看、去听、去触摸，在这些事物中，一定要有某些事物是他比较感兴趣的，这就会形成一种良性的循环过程，使孩子由观察产生兴趣，从兴趣中开始思索，再从思索中去学习，在学习中增长知识，又从掌握的知识中了解事物，周而复始。孩子惊人的智力就是在这样一次次的循环、一次次的了解和学习中逐渐开发出来的。换句话说，观察力对于孩子可能只是生活中的极小部分，但是却决定着孩子的成败。因此，如何有效地培养孩子的观察力，便成为父母责无旁贷的使命。

1. 培养孩子的观察兴趣

兴趣是孩子观察的动力，只有对事物产生浓厚的兴趣，孩子才会积极主动地去观察。相对而言，越是年龄小的孩子，越容易对周围世界产生强烈的好奇心，这种好奇心会使他对周围事物产生强烈兴趣，特别是一些符合孩子需求的事物，更能吸引他的注意。父母可以根据孩子的这一特点，激发孩子观察事物的兴趣，并帮助孩子养成喜欢观察、勤于观察的良好习惯。

一般情况下，对外界事物感到好奇的孩子，经常会通过自己的观察向父母提出各种各样的问题。比如，"这是什么？它是什么颜色的？"这时，父母应该及时给予积极的回应，详细解答孩子的疑问，以进一步激发孩子观察的兴趣，而不是草草地应付或不耐烦地回绝。

另外，父母还可以有意识地引导孩子进行观察。可以向孩子提出一些问题。比如，"听听，这是什么声音？是什么东西在叫啊？"然后，再向孩子提议："我们去看看。"这样，就可以唤起孩子的好奇心，激发孩子的观察兴趣。对于已经能认字的孩子，父母可以在带孩子外出时，与他进行"认相同字"比赛的游戏。比如，先让孩子认识"东"和"西"两个字，在外出的路上，父母就可以鼓励孩子在招牌或公车广告上找这两个字。这样一来，不仅提高了孩子的观察力，同时，孩子在认字、找字的过程中，也体验到了成就感，甚至可能因此对学习产生浓厚的兴趣。

当然，孩子只有在对事物产生兴趣时，才会用心去观察，并在观察过程中逐步提高自己的能力，否则，他就会对身边的事物"视而不见""听而不闻"。父母应注意为他选择一些新奇的、具有吸引力的事物作为观察对象，以此激发、培养孩子的观察兴趣。

2. 为孩子创造观察的条件

日常生活中可提供孩子观察的事物很多，如果孩子在家里的时间比较多，对家里的一切事物（包括亲人、日常物品、家具等）比较熟悉，父母可有意识地创设各种有利于孩子观察的情境与机会。例如，电视放不出图像时，让孩子亲自去看看，是不是插头没有插好，还是影碟没有放好；选择合适的时机，让孩子谈一谈：夏天，家里为什么要开空调、吹电扇？冬天，为什么要开暖气？随着四季的变化，家里人的穿着会出现什么样的变化？家里来了客人，父母怎样招待客人……

3. 让孩子在自然环境中锻炼观察力

大自然是培养儿童观察力的好课堂。如果孩子在郊区或农村，父母可放手让孩子去观察、动手，并有目的地加以引导。如果是在城市里居住，父母应该经常带孩子到公园、广场、动物园、植物园、博物馆等场所散步、游玩、参观。而且，每隔一段时间，父母还应该带孩子出去旅游或在假期让他到农村的亲友家小住一段时间，让他有机会尽情观察在城市里看不到的自然风光。日常生活中，父母还可以找机会带孩子学会观察日月星辰、风雪雷电等自然景观或自然现象的变化，学会观察花草树木、鸟兽鱼虫的旺盛生命力。

当然，并不是所有的事物都适合孩子观察，生活中，我们应注意选择孩子能理解的事物，引导孩子进行观察、思考，从而培养孩子的观察力。也许，家里随意养的花草鱼虫，就可以给孩子带来观察的兴趣。只有经常性地对孩子进行训练，他的观察能力才会得到不断地提高。

4. 引导孩子调动多种感官进行观察

在引导孩子观察的过程中，父母应该想办法让孩子的多种感觉器官参与进来，亲自看看、听听、摸摸、闻闻，以增强观察效果。比如，听一听水流声和鸟叫声有什么不同；摸一摸真花和绢花的表面有什么不同；闻一闻茶水和酒的味道有什么不同……还可以让孩子亲自动手种一些花草树木、养一些小动物，然后指导他留心观察：幼芽是怎样破土的？花蕾是怎样绽放的？鸟儿是怎样飞的？小乌龟是怎样爬的……

观察过程中，可以要求孩子写一写观察日记，当然，对于年龄比较小的孩子，可采用录音、画画、填图等多种形式进行记录。在这样的要求下，孩子的观察会比较精确、到位，也更容易坚持下来。

5. 教给孩子正确的观察方法

由于缺乏生活经验和系统的观察能力，在观察事物的过程中，孩子往往是毫无目的的，这就要求父母要教会孩子正确的观察方法，首先应该让孩子学会有目的地观察事物。比如，在孩子进行观察前，适当给他提出符合其年龄特征及知识能力的观察目的和要求，告诉他应该观察什么，观察时需要注意什么，等等，这样才能引导孩子有的放矢，真正做到有观察，有收获。

①一种物体的观察方法

应注意引导孩子有顺序地进行观察，可自始至终按照从整体到局部或从局部到整体的观察顺序，把握从左到右、从上到下、从外到内的方向，保持一一对应的关系。

还可以引导孩子从远处、近处、正面、侧面等各个不同的角度进行观察。比如，带孩子参观某一建筑物时，应该先带孩子从远处的正面、侧面、背面看建筑物的全貌，再带孩子走到建筑物跟前，从正面、侧面、背面看建筑物的近景，最后领孩子到建筑物里面，了解建筑物的内部结构和陈设，从而对这座建筑的整体认识进行把握。

②两种物体的比较观察

为了使孩子更准确地认识事物、发展观察力，父母可以让孩子对两种或两种以上的物体或现象进行比较，找出事物之间的不同点和相同点。比如，比较男孩和女孩、小孩和大人、鸡和鸭、小草和韭菜、雨前和雨后、日出和日落、晴天和雨天……让孩子在观察中学会比较、辨认、思考和判断。

超强记忆是这样炼成的

有一位著名教授曾经说过：记忆能力和学习能力是人类赖以生存的重要脑功能，记忆和学习能力的开发是人类自身潜能开发的重要组成部分。的确，记忆能力不仅是人类赖以生存和发展的重要能力，更是成为天才必备的条件。

如今，我们的孩子处在与往昔绝然不同的时代，这是一个知识爆炸的时代，一个资讯爆发的时代，一个知识经济的时代。我们的孩子需要学习的知识实在太多，帮助他们开发记忆潜能、提高记忆力，也就成了当务之急。

在日常生活和学习过程中，父母应该根据孩子的兴趣爱好和发展水平，有意识地对他进行强化记忆练习，以提高他的记忆力，具体方法如下：

1. 重复记忆内容

"重复是记忆之母"，这是大家都知道的简单道理。孩子的记忆力也是需要不断重复，才能慢慢培养起来的。为了使孩子的头脑对所要记住的内容形成深刻、清晰的印象，引导他反复重复所需要记忆的内容，是一种简单易行且行之有效的记忆方法。当然，让孩子无缘无故对某一个事物或某一内容不断进行重复很难，这就需要父母首先培养孩子对这方面的兴趣。比如，孩子对故事感兴趣，父母可以在给孩子讲故事时，有意识地让孩子记住故事中有关人物的特征和故事情节等，以增强孩子的记忆力。

2. 明确记忆目标

父母只有给孩子制定一个目标，或者一个目的，孩子才能够有所追求，而且愿意付出。比如，父母可以告诉孩子，一旦他记住这个东西，会带来什么样的好处，这样就可以提高孩子记忆的主动性和积极性。只要孩子用心去记，自然就会记得很快，而他自己也会对此十分满意。打个比方，带孩子到动物园玩时，看到老虎后，如果只告诉孩子"这是老虎"，再也没有任何的提示，孩子看过之后自然就不会对老虎留下深刻的印象，因为其他的动物很快就会吸引孩子的视线。如果父母请孩子仔细观察老虎，并告诉他，晚上回家后会让他把老虎画出来，这样，他自然就会对老虎进行认真的观察，对老虎的印象也会十分深刻。

3. 多感官参与记忆

有句话说得好，看十遍不如抄一遍。意思是说，当我们要记忆时，单纯地看和背诵还是远远不够的，要动员全身的多种感官参与记忆，才能记得又快又牢。同样的道理，孩子在认识事物时，也应该让他尽可能多地动用多个感官共同参与，才能使这些事物在他的头脑中留下深刻、清晰、全面的印象。比如，让孩子背诵诗词时，可以让他一边读一边看图片，然后再听录音机播放诗词朗诵。

4. 巩固记忆内容

德国著名心理学家艾宾浩斯通过大量测试，得出了一些关于记忆的结论，总结出了艾宾浩斯记忆曲线。这条曲线告诉人们，学习中的遗忘是有规律的，遗忘的进程不是均衡的。在记忆的最初阶段，遗忘的速度很快，随后会逐渐减慢，经过相当长的时间，几乎就不再忘记了，这就是遗忘的发展规律。观察艾宾浩斯记忆规律曲线，能够发现，我们学习的知识如果在一天后不抓紧复习，遗忘率会在85%以上，随着时间的推移以及重复的复习，遗忘的速度会减慢，遗忘的数量也会减少。对此，有人做过这样一个实验：让两组学生同时学习一段课文，甲组在学习后不久进行一次复习，乙组不予复习，一天后，甲组的记忆大约保持了98%，而乙组仅保持了56%；一周后，甲组保持了83%，乙组仅保持大约33%。这就是说，我们的学习过程是一个不断反复、重复的复习过程。

当孩子学习到一些知识和经验后，父母一定要给孩子应用的机会，鼓励他将学习到的知识应用到生活中，以求达到熟能生巧的地步。当然，父母在引导孩子巩固旧知识的同时，还应该帮助孩子把新的知识有序地纳入记忆的网络，这样，孩子掌握的知识才能不断地增长和巩固。

给孩子插上想象的翅膀

在成人眼里，孩子的任何想象都是幼稚和天真的。但恰恰是孩子一些被看作异想天开的想法，却造就了世界上很多伟大的成功人士，否则，牛顿怎会因为一个苹果的坠落而发现万有引力？爱因斯坦怎能提出相对论？爱迪生又怎能完成几千项的发明呢？应该说，人类社会的进步，离不开想象力，人类的物质文明和精神文明，无不是创造思维和创造想象相结合的产物。没有了想象力，就意味着创造力的贫乏，也就意味着天才的灭迹。

人们都说，每个孩子都是天才。那是因为每个孩子，都具有非常活跃的想象力，这也正是他进行探索活动的基础。可以说，孩子的一切创新活动都是从创新性的想象开始的。

21世纪是开创人类创造力的世纪，将孩子培养成创新开拓型人才，是时代赋予教育的历史使命。父母应尽早地为孩子插上想象的翅膀，激活孩子的想象力。

1. 用童话激发孩子的想象力

很多古今中外童话名篇，都会给孩子留下深刻的印象。因为这些童话故事，对孩子的心灵影响是巨大的。可爱的人鱼姑娘、大闹天宫的孙悟空……这些故事中的人物牵动着孩子的心，也让孩子拥有了一颗善良、乐观、美好和富有同情心的心灵。当然，这些动听的故事，更是让孩子展开了想象的翅膀。

怎样用童话故事进一步激发孩子的想象力呢？父母不妨从以下六个步骤入手：

第一步，听。让孩子多听一些著名的童话故事。

第二步，看。指导孩子经常看有关童话内容的图画书或卡通片。

第三步，说。引导孩子把听过、看过的故事，较完整地复述出来。

第四步，画。要求孩子将知道的童话内容，用图画的形式表现出来。

第五步，编。鼓励孩子用自己的语言，尝试编一些新的童话故事。

第六步，演。父母和孩子一起根据童话故事内容，创作表演活泼、生动的短剧。

这样一来，童话故事的威力就会被发挥得淋漓尽致。

2. 引导孩子读图画书

图画书是以图为主的书，那些极具意义的图画，能够启发孩子更多的想象空间。另外，让孩子读图画书，还可以培养孩子的认知能力、观察能力和沟通能力。对于还没有识字的孩子来说，更是满足其求知欲望的最佳途径。

3. 培养孩子拥有善良的心

拥有纯真、善良的心灵，才能使想象飞向晴朗的高空。纯洁善良的心灵对孩子来说，应该是最重要的。有了它，孩子才能想得更多、更远、更美，才能用善良的眼睛观察世界，用善良的心灵对待世界，才能真正发现世界的美好，才能从内心深处感受生活的美好。

4. 掌握给孩子讲故事的技巧

歌德很小时，就经常听母亲为他讲故事。歌德的母亲讲故事的方式比较独特，总是在讲到中途时停下来，留下一半故事让小歌德自己去想象，并让他继续讲下去。应该说，正是这样的训练，使小歌德的大脑激发出惊人的想象力，这种想象力使他最终成为德国最伟大的诗人。直到今天，歌德母亲给孩子讲故事的技巧，仍然值得所有父母借鉴和学习。父母在给孩子讲故事时，不妨也留下个结尾，让孩子有想象的余地，或者鼓励孩子自己编故事。或许，不久的将来，一个小歌德就会从你手中诞生。

5. 教给孩子丰富的知识

有人做过这样一个实验：请幼儿园的孩子想象人类祖先的模样，结果，孩子们能想到的都是如今老爷爷、老奶奶的样子。这说明我们的孩子还缺少知识的储备，这样是难以拥有正确的想象力的。其实，童年阶段正是储备知识的最好时期，这个阶段的孩子的大脑就像海绵一样，有极强的吸收能力。无论天文地理、诗书礼乐，他们都渴望掌握。父母可以通过为孩子阅读、朗诵、讲述等，为孩子充实各种知识，与孩子一起分享学习带来的快乐，为孩子想象力的发展奠定基础。

6. 培养孩子绘画和音乐的素质

绘画、音乐、弹奏乐器等需要孩子眼、手、脑密切配合，多种心智功能同时参与，这样的活动可以激发出孩子更深层的观察力、记忆力和想象力。比如，孩子在绘画时，他会把自然界中的日月星空、花草树木、飞禽走兽等想象成和人一样，有喜怒哀乐的情感，从这点可以看出孩子在创作的过程中，他的想象是丰富、奇特而大胆的。音乐方面也是如此，节奏的快慢、音调的高低、乐器的变化等，都蕴含着情景、情感的变化，喜欢听音乐的孩子，能够感受乐曲中的情感，想象乐曲中的故事。

总之，激发孩子的想象途径有许多，只要父母善于观察生活中的点点滴滴，就可以发现更多的方法，让孩子在现实的世界中拥有一双想象的翅膀。

培养孩子的思维力和理解力

思维力和理解力也是孩子成为天才的必备素质，是检验孩子智力水平的重要依据。儿童期是孩子创造思维的萌芽期，也是创造性思维形成的黄金时期。虽然在这个时期，孩子的创造思维具有不自觉性、不稳定性的缺点，但却具有极强的可塑性。因此，父母可以利用孩子的这一特点，对其进行正确的教育与引导，使孩子的创新能力趋向自觉、稳定和发展。

要培养孩子的思维力和理解力，首先需要为孩子提供一个宽松、民主、自由、求新求异的家庭气氛，打破一些框框条条的束缚，使孩子的思维能够自由地发挥。同时，父母还应该改变"事事包办"的育儿方式，让孩子充分拥有独立做事和思考的权利。

　　生活上，父母应该为孩子创造丰富多彩的内容，尽力把孩子掌握的知识与现实生活中的现象联系起来，使孩子拥有较多的动手实践和动脑思考的机会，使孩子的思维和理解成为有源之水、有根之木。孩子的知识和经验来源于生活，反过来，一旦孩子将自己掌握的知识运用于实践活动中，就很容易出现新的思想、新的创意，实现智力的增长、创造力的开发。

　　那么，家庭教育中应该如何培养孩子的思维力和理解力呢？

　　1. 发展孩子的语言能力

　　我们都知道，语言能力是孩子成长的必备条件之一，孩子语言发展的关键期是幼儿期。因此，早期的语言训练，不仅能促进孩子语言能力的发展，还可促使其智力超前发展。对于孩子来说，他的语言能力主要是听和说的能力。因此，父母在与孩子的交流过程中，应该以孩子感兴趣的话题展开对话，比如，在给孩子讲故事时，可选择一些有悬念的故事，讲述中，可以利用启发提问的方式，刺激孩子思考和进行语言表达，让孩子发挥想象力和启动创造思维，等等。这样，孩子的语言天才思维也就自然启动了。

　　2. 鼓励孩子进行幻想

　　幻想是创造想象的一种特殊形式，是一切创新的基础。父母要鼓励孩子"异想天开"，大胆联想，发表自己的独立见解。可以通过给孩子讲故事的形式，鼓励孩子为故事增添人物和情节，并由此创造出一个更为引人入胜的幻想世界来。还可以设计各种富于幻想的游戏，如过家家、猫抓老鼠等，都是鼓励孩子展开幻想翅膀的好方式。

　　当然，父母还应该对孩子的幻想内容进行合理、科学地引导。一旦发现孩子的幻想过于荒诞不经，可帮助其分析不合理性，从而诱导孩子步入一个更为健康的幻想世界。需要注意的是，我们需要帮助孩子了解幻想世界与现实生活中的巨大区别，及时发现并制止孩子借幻想而撒谎，教育孩子不能过度沉湎于幻想而难以自拔甚至想入非非。

　　3. 鼓励"坏孩子"

　　大部分父母都喜欢听话的孩子，认为听话才是好孩子，但往往却是这样的孩子缺乏独立和创新。孩子的创造性思维是建立在无意之中的，有时甚至会有出轨的"顽劣"之举，天才之所以成为天才，骨子里就有叛逆的天性，如果总是顺着别人，很容易成为庸碌无为之辈。

　　因此，父母千万不要因为自己的孩子是"坏孩子"而感到担忧，只要我们把握机会，有意识地对孩子进行培养，就一定能有所收获。毕竟，创新是一种个性化的行为，而个性当中肯定要有那么一点叛逆的因子存在。所以，有时候，我们必须允许孩子"学坏"。

4. 鼓励孩子积极探索

鼓励孩子进行积极的探索，父母就必须让孩子有机会亲自进行观察和体验，以掌握学习的对象。比如，要让孩子了解海绵的特性，就必须让孩子亲自进行实验，让他拿起海绵掂一掂、看一看，再让他将海绵用力按入水中，看到海绵浮起后，再引导他按下去，反复几次，经过反复揉捏，海绵因吸入大量的水而慢慢地沉了下去，孩子会觉得特别开心。这时再问问他："这个游戏好不好玩？海绵有什么特性？它什么情况下会浮起来？什么情况又会沉下去？"……这样，孩子在动手操作中，自然就会强化思维活动，而父母有意识的提问，更是引发了孩子的创造性思维。

5. 向孩子提问

父母可以配合日常生活中的事物，随时、随地、随机地提出一些可以锻炼孩子思维力和理解力的问题，引导孩子通过自己的思考、操作以及和他人的交往获得知识，并提高解决问题的能力。

此外，作为父母，要允许孩子犯错误。在参与游戏或活动的过程中，许多孩子可能会由于种种原因而犯这样或那样的错误，父母千万不要因此对孩子大加斥责，甚至给孩子做出种种限制，剥夺孩子动手、动脑的机会。比如，孩子为了看看里面究竟是什么，把新买的玩具拆坏，父母不能大动肝火，应首先对孩子的这种探索精神给予肯定和鼓励，把孩子想知道的问题解释清楚，尽可能地和孩子一起把拆坏的玩具修好，再耐心地给孩子讲明道理，告诉他有些东西尤其是家用电器类，不能随便独自乱拆。

有时候，孩子还会天真地向父母发问，或用自己的想象来解释某些客观事物，这时，父母不能一笑置之或随意嘲笑孩子，应该对孩子的这种大胆幻想给予积极的引导，鼓励孩子异想天开、标新立异。在条件允许的情况下，要尽量让孩子动手参与活动，让他在活动中寻求答案，以发展他的创造性思维能力。

让孩子学会尊重别人

我们生活在社会上，每个人都希望得到别人的肯定，得到别人的尊重。

尊重别人，是一种美德，是一个人道德品质和文化修养的体现，也是一个人事业走向成功的良好开端。美国成功学家卡耐基说："一个人要懂得尊重别人，对别人真心感兴趣，他在两个月内所得到的朋友，要比一个不懂得尊重别人、对别人不感兴趣的人在两年内所交的朋友多几倍。"

每个家长都希望自己的孩子具有尊重别人的美德，因为只有尊重别人，才会正视他人的意见，改正自己的缺点。但现在孩子的种种表现，却让家长感到很无奈：他们不尊重长辈，做事霸道，不能原谅别人，没有爱心甚至对同伴大打出手。

《北京青年报》曾登载了这样一条消息：

一个 15 岁的少年，因为环卫工人制止他乱扔纸屑，他就顿时火冒三丈，对女清洁工破口大骂一通还不解气，又对女清洁工一顿拳打脚踢。

这件事在社会上引起很大的反响，许多人表示出了他们的愤慨之情。孩子的蛮横之举的确令家长们痛心疾首。在我们身边，这种不懂得尊重别人的孩子的确不在少数。由于父母忽视了对孩子个人修养的教育，尤其是家里有老人的，对孩子过度溺爱，一切都让孩子说了算，于是，日积月累，孩子变得霸道起来，认为任何事都应该以他为中心。

在一个星期六的晚上，陈童的同学王黎到他家来玩，后来他们一起在电脑上打起了游戏。八点半钟，陈童的妈妈下班回家，看到王黎在自己家玩，很热情地向王黎打招呼，可是王黎连头也没抬，继续玩游戏。陈童的妈妈以为王黎打游戏入迷，没有听到她说的话。又过了一会儿，陈童的妈妈给他们洗好了两个苹果递过去，王黎伸手抓了一个大的，什么也不说，就吃起来。后来游戏结束了，王黎又在陈童的卧室里翻来翻去，弄得屋里乱七八糟。王黎走后，陈童的妈妈对陈童说："以后不许跟这样的孩子玩，一点儿也不懂得尊重别人。"

尊重别人，也是尊重自己。孟子说："爱人者，人恒爱之；敬人者，人恒敬之。"一个人在与别人交往中很好地理解别人，尊重别人，那他也一定会得到别人的理解和尊重。

教育孩子学会尊重别人，是一个长期的过程，方法也是多种多样的，最重要的就是让孩子有一颗体谅别人的心。

1. 要想孩子尊重别人，父母必须尊重孩子

每个孩子都希望得到别人的尊重，对父母也不例外。父母对孩子的尊重，会潜移默化影响孩子的行为。在日常生活中，把尊重孩子变成一种习惯，不

要动辄就对孩子大喊大叫，说"滚一边去""胡说""打死你"这类的话，需要孩子帮忙做某件事，要说"请你……"而不要用生硬的口气。在孩子帮父母做完某件事后，要说声"谢谢"。

当然对孩子的尊重也是要有限度的，在一定范围内，对于孩子的一些过分和无理要求，父母必须加以纠正，不能一味地顺从孩子。毕竟孩子还小，在一些事上思维和判断能力还不成熟。

2. 要求孩子用尊重的语气同别人说话

首先要求孩子尊重父母、尊重长辈。让孩子认识到尊重长辈的意义。长辈为孩子操劳，理应受到孩子的尊重。在这方面，父母不但要言传，还要身教。尊重长辈就是感激长辈的养育之恩和辛勤劳动。父母对长辈的尊重，对孩子有潜移默化的影响，父母要关心长辈的身体、生活和饮食。当孩子冒犯了父母和长辈，要马上给予纠正。比如，孩子对父母语言上粗鲁，父母不做出反应，时间长了孩子就会习以为常，不在乎他的语言是否伤害了别人。

3. 让孩子体验到不受尊重的滋味

当孩子不尊重别人时，也要让他尝尝不被别人尊重是什么滋味。比如，家里来客人了，孩子用言语或行动顶撞了客人。在客人走后，家长可以用同样的方式对待孩子，让他在这一过程中体验到不被别人尊重的滋味，这种反思比父母苦口婆心地劝说效果更好。

有一位老师就是用这种方法教育学生的。有一个成绩优秀的学生，由于老师们都很喜欢他，出现了骄傲的情绪，在课堂上伙同其他同学扰乱课堂纪律。下课后，老师把这名学生叫到办公室，让他写检查。当这名学生写好后，老师看都没看，就把检查撕了个粉碎。这名学生当时就被激怒了，猛地站了起来，说："你也太不尊重人了！"老师说："知道不被别人尊重的感觉了？你知不知道我在讲课时，看到你的捣乱，也是这种感觉。"

从此以后，这名学生懂得了尊重别人，在班上也遵守纪律了。

精彩的人生不需要掌声

1963 年，《芝加哥先驱论坛报》儿童版"你说我说"栏目的主持人西勒·库斯特先生收到一位名叫玛莉·班尼的女孩写来的一封信。玛莉·班尼在信中告诉西勒·库斯特先生，她实在搞不明白，为什么自己帮妈妈把烤好的甜饼送到餐桌上后，得到的只是一句"好孩子"的夸奖，而那个什么都不干、整天只知道捣蛋的戴维（玛莉的弟弟），得到的却是一只甜饼。在信的最后，玛莉向西勒·库斯特先生问道："上帝真的是公平的吗？如果上帝是公平的，为什么不管是在家里还是在学校里，像我这样的好孩子却经常被上帝遗忘呢？"

其实，十多年来，西勒·库斯特已经收到1000多封类似于这样的信了，孩子最关注的问题基本上也和玛莉·班尼一样："为什么上帝不奖赏好人，也不惩罚坏人呢？"而每次拆阅这样的信件时，他的心里都非常沉重，但他却不知道该怎样来回答孩子们的这些问题。

就在西勒·库斯特对玛莉小姑娘的来信不知如何是好、暗自着急时，一位朋友邀请他去参加一场婚礼。就是在这次婚礼上，西勒·库斯特终于找到了问题的答案，并且让他在一夜之间因为这个答案而名扬天下。

那么，西勒·库斯特先生是如何在这次婚礼上找到问题的答案的呢？他后来是这样回忆那场婚礼的。当时，牧师主持完订婚仪式后，新娘和新郎就开始互赠戒指，也许是这对新人此时完全沉浸在幸福之中，也许是两人过于激动和兴奋了。总之，他们在互赠戒指的时候，两个人都阴差阳错地把戒指戴在了对方的右手上。站在一旁的牧师看到了这一情景，于是便幽默地对他们说："喔！右手已经够完美了，我想你们最好还是用它来装扮左手吧！"正是牧师的这一句话，让西勒·库斯特终于茅塞顿开。

是的，右手本身就已经非常完美了，所以没有必要再把饰物戴在右手上。同样的道理，那些好人，之所以经常被人们所忽略，不正好说明了他们本身已经非常完美了吗？于是，西勒·库斯特先生得出了这样的结论：上帝让右手成为右手，就是对右手的最高奖赏。同样的，上帝让好人成为好人，本身已经是对好人的最高的奖赏了。

西勒·库斯特为自己发现了这个真理而兴奋不已。随后，他立即以"上帝让你成为一个好孩子，就是对你的最高奖赏"为题，给玛莉·班尼回了一封信。这封信在《芝加哥先驱论坛报》刊登之后，在很长的一段时间内，被美国及欧洲的1000多家报刊进行转载，并且在每年的儿童节，他们都要将这封信重新刊载一次。

在现实生活中，我们的孩子肯定也经常遇到类似于玛莉小姑娘那样的事情。比如，尽管他们为某件事付出了很多，却总是被别人所忽略，甚至是遗忘，而那些整天无所事事，甚至是捣蛋的小朋友，却经常为老师和同学所津津乐道。这些事虽然算不上什么不幸，却不免让孩子感到郁闷。于是，他们的心中便会有这样的疑问：为什么好孩子总是多难？为什么坏孩子却很自在？为什么自己付出了那么多的努力别人却看不见？为什么那些捣蛋的孩子却经常得到别人的赞美？

面对孩子的这些疑惑，作为父母，应该怎样来解答呢？

1. 要让孩子明白，每个人都是自然界创造的奇迹，所以对于自己的境遇，应该尽量保持一种平和的心态，以感恩的心态去面对生活，面对每一个人。这样，即使没有掌声，也会拥有一个快乐的人生，因为生活本身就是最高的奖赏。

2. 要让孩子知道，最值得羡慕的人，不是那些最有钱人的孩子，更不是那些在学校中出尽风头的孩子。而是那些最会学习，并在学习中享受到快乐的孩子。因为只有他们才知道，学习对于他们来说是多么的重要，也只有他们，才能真正享受到学习的快乐。

3. 要让孩子懂得，人生的路上，除了掌声、鲜花和赞美，还有很多值得他们去追求的东西，因为这些掌声、鲜花和赞美虽然都是一种奖赏，但这并不是最高的奖赏。只有毫无条件地做一个好孩子，才是上帝对他最高的奖赏。

下定决心，全力以赴

戴尔·泰勒是美国西雅图一所著名教堂里的一位牧师。有一天，这位德高望重的牧师在给教会的学生们讲完课后，又给他们讲了这样一个故事：

有一位猎人带着猎狗出去打猎。在路上，他们突然碰到一只兔子，猎人二话不说，举手就是一枪，而且击中了兔子的后腿。兔子受伤后，知道有人要射杀自己，于是拼命地逃生，而猎狗则在它的后面穷追不舍。可是，没过多长时间，兔子就把猎狗给远远地甩掉了。猎狗知道自己已经不可能追上兔子了，于是只好悻悻地回到猎人身边。猎人一看，气急败坏地说："笨蛋东西，连一只受伤的兔子都追不上，你是干嘛吃的？"

猎狗听了猎人的训斥后，不服气地为自己辩解道："那只兔子跑得实在是太快了，我也没有办法呀，你也看到了，我已经尽力而为了呀！"

再说兔子逃回家之后，兄弟们一看它的样子，就问它是怎么回事，兔子便把自己刚才的遭遇跟它们说了一遍。兄弟们听后，都十分惊讶，并好奇地问它："你受了这么重的伤，那只猎狗又那么凶，你是怎么把它甩掉的呢？"

兔子回答说："它只是尽力而为，而我是竭尽全力呀！你们也知道，它追不上我，回去后最多也就被骂几句，但如果我不竭尽全力地跑，那可就连命都没了呀！"

讲完这个故事之后，泰勒牧师又向全班同学郑重承诺：不管是谁，只要他能够把《圣经·马太福音》第五章到第七章的内容全部背出来，那么他就邀请那个人到西雅图的"太空针"高塔餐厅参加免费聚餐会。

参加"太空针"高塔餐厅的免费聚餐会？这是许多人梦寐以求的事呀！但是，《圣经·马太福音》第五章到第七章的全部内容，总共有几万字之多，而且很不押韵，可以说要把这三章的内容全部背诵下来，其难度是可想而知的。所以，几乎所有的同学都望而却步了。

然而，谁也没有料到的是，几天后，一个年仅 11 岁的男孩，却胸有成竹地站在泰勒牧师面前，将《圣经·马太福音》第五章到第七章的全部内容一字不漏地背诵出来，而且背到最后时，简直成了声情并茂的朗诵。

作为一名牧师，戴尔·泰勒比谁都清楚，即使是成年人，能够在这么短的时间内把这些内容全部背出来，也是很少见的，更何况是一个孩子呢？于是，泰勒牧师在赞叹男孩那惊人记忆力的同时，不禁好奇地问："你到底用的是什么方法，能够在这么短的时间内，背诵出这么长的文字呢？"

男孩不假思索地回答道："没有什么特别的方法，我只是竭尽全力！"

16 年后，这个男孩创办了一家举世闻名的公司——微软公司，这个男孩的名字叫——比尔·盖茨。

从比尔·盖茨的这个故事中，至少我们可以得到这样的启示：一个人要想出类拔萃，要想创造奇迹，要想实现自己的梦想，仅仅做到尽力而为还是远远不够的，必须要做到竭尽全力才行。我们姑且不说比尔·盖茨在 11 岁时，对《圣经》的内容到底能够理解多少，单从他的这种竭尽全力的风格来看，就知道他日后之所以能够取得巨大成就的原因了。其实，即使比尔·盖茨没有创办微软公司，而是从事其他行业，他也同样会获得成功，而原因不是别的，只是竭尽全力。

每个人都有极大的潜能。正如心理学家所指出的，一般人的潜能只开发了 2%—8%，像爱因斯坦那样伟大的科学家，也只开发了 12% 左右。一个人如果开发了 50%的潜能，就可以背诵 400 本教科书，可以学完十几所大学的课程，还可以掌握 20 来种不同国家的语言。也就是说，我们还有 90%的潜能还处于沉睡状态。所以，父母不妨给孩子灌输这样一个观念——要想出类拔萃、创造奇迹，仅仅做到尽力而为还远远不够，必须竭尽全力才行。

第七章

情商教育决定孩子智商的发挥

当我们讽刺一个人很笨时，经常会说"这个人智商太低了"，却很少会说"这个人情商太低了"。可见，我们很多人都是重视智商，而轻视情商的。那么，什么是情商呢？其实，情商就是情绪智力，指的是一个人情绪、情感、意志、耐受挫折等方面的品质。可以这样说，智商固然重要，但它能否得到真正的发挥，能否产生正能量，却取决于情商。

与其羡慕别人， 不如做好自己

面对自己的人生，许多人都会心生不满。因为生活中总是存在着诸多的不完美，于是，我们心中开始升起羡慕之心，不再满足现状，不再满意自己，不知足的心态开始滋长蔓延。

一对孪生兄弟因为逃难而失散，多年后他们重逢。个性活泼的哥哥在饥寒交迫下投身寺院当了和尚，个性安静的弟弟则在机缘巧合下娶了妻子，生了儿女。

兄弟俩都觉得生活极不顺心：哥哥羡慕弟弟娶妻生子，享尽家庭温馨；弟弟羡慕哥哥皈依佛门，远离尘世纷扰。

一天，兄弟俩相约在半山腰的小凉亭闲谈。正要离开时，发生了山崩。他们慌乱地躲进一个小山洞，幸免于难。半夜，哥哥怕弟弟着凉，脱下僧衣给弟弟盖上；清晨，弟弟感激哥哥的照顾，脱下上衣给哥哥盖上。

几天后，兄弟俩获救了，但哥哥被送回了弟弟家，弟弟被送回了寺院。他们将错就错住下了，体会自己向往的生活。哥哥为了衣食拼命干活，累得半死也撑不起一家温饱，丝毫享受不到在家生活的温馨；弟弟为了准时撞钟、诵早课，和衣而睡、彻夜未眠，半点感受不到出家生活的悠哉。

兄弟俩再次相逢时，已是疲惫不堪。于是他们决定还是过自己原来的生活，又重新回到了自己的生活中去，各自过着幸福的生活。

很多过着幸福生活的人，总觉得自己的不如别人的好，殊不知，一旦自己尝试过后，就会发现其实并非如自己所想的那样，现实中对方的生活也许正是自己难以忍受的。所以，人应该学会珍惜自己现在拥有的一切，因为这才是我们的现实。

在这个世界上，有些人不喜欢自己，也不喜欢自己的现实生活，因为他们无法接受自己。

现在也有许多孩子出现这样的情况，总是羡慕别人，不喜欢自己以及自己的生活，并因此引发贪婪、虚荣、暴躁等不好的心理状态。

不接受自己的这种孩子，常常心情郁闷，对生活中的一切都没兴趣，还抱怨父母、周围的同学、朋友不能理解他。实际上，他没有任何不如意，问题在于他不能接受自己，从而影响到他对别人的接受，进而产生其他方面适应的困难。由于他意识不到这点，所以庸人自扰，表现出自暴自弃的倾向。

对所有人来说，正确评价自己、接受自己至关重要。它关系到一个人能否建立正确的自我观念，健康发展。接受自己，去除自卑感，是精神健康的重要保证。

怎样才能让孩子增进自我接受感呢？

（1）父母要克服完美主义，明白自己不可能做到十全十美，自己的孩子更加不可能十全十美。金无足赤，人无完人。每一个人都有缺点，十全十美是不可能的，所以，应当知足常乐，以平常心看待自己的孩子，不要苛求孩子。要教育孩子容忍体谅，使孩子与他人友好相处，同时，要让他明白讨好所有的人是不可能的，也根本不必去尝试。要对自己有信心，告诉孩子任何人都有可取之处，勿事事过分自责。

（2）要做到真正了解自己的孩子。古语说：自知者明，自胜者勇。你可以通过比较法（与同龄、同样条件的人相比较）、观察法（看别人对孩子的态度）、分析法（剖析孩子，了解孩子的学习成果）等来认识了解自己的孩子。

（3）父母要帮助孩子树立符合自身情况的奋斗目标，使他有机会充分发挥才智，取得一些力所能及的胜利，从而增加他的自信心。

（4）要不断扩大孩子的生活经验。每个人都要经历适应环境的过程。在这一过程中孩子也许发挥了才干，也许暴露了缺陷。这没关系，正反两方面的经验都将促进他对自己的了解。

父母要诚实坦率、平心静气地与孩子一起分析他自己，培养孩子平和知足的心态，让他接受自己的优缺点，从而扬长避短，取得更好的发展。

让孩子学会回报他人

有一个人在沙漠行走了两天，途中遇到风沙。一阵狂沙吹过之后，他已认不得正确的方向。当他快撑不住时，突然，他发现了一幢废弃的小屋。他拖着疲惫的身子走进了屋内。这是一间不通风的小屋子，里面堆了一些枯朽的木材。他几近绝望地走到后院，却意外地发现了一架抽水机。上面还有一张字条写着："引水。但是不要忘了，在你离开前，请再将水装满！"他急忙拔开瓶塞，发现瓶子里果然装满了水。但是，他的内心却开始交战。如果自私点，只要将瓶子里的喝掉，他就不会渴死，就能活着走出这间屋子；如果照纸条说的做，把瓶子里仅有的水倒入抽水机内，万一水抽不出来，他就会渴死在这地方了……到底要不要冒险？

最后，他决定把瓶子里仅有的水，全部灌入那架看起来破旧不堪的抽水机。然后用颤抖的双手汲水——水真的大量涌了出来！

他喝足水后，又把瓶子装满水，用软木塞封好，然后在原来那张纸条后面，加了他自己的留言：相信我，真的有用，在取得之前，要先学会付出。

谁都会有行程中口渴的时候，谁都会有旅行中迷失方向的时候，人都是需要别人帮助的。我们需要做的是，在别人帮助我们之后，学会帮助其他需要我们帮助的人。接力棒只有这样传递下去，整个社会才能形成一个互帮互助的集体。也只有这样，我们的生活才更加美好，更有意义。

随着人生的成长，孩子就是接过大人手中接力棒的传承者，每一个儿童都应以助人为荣，因为助人会带给我们无穷的乐趣。

现在许多年轻的父母都抱怨自己的孩子懒得很，一丁点儿小事，怎么也不肯帮大人的忙。其实，这中间的原因在于我们平常的教育不得法，正确的解决办法应该是让孩子积极参与生活。

其实不论是原始社会还是近代社会，孩子总是参与家庭和社会生活的。只是这种参与有积极与被动之分。在积极参与家庭生活的过程中，孩子会从中找到归属感，并从帮助父母的过程中获得被人需要的成就感。而且，随着儿童逐渐长大成熟以及各种能力的发展，他们会日益发现帮助他人可以得到满足感。

家庭中的劳动也能锻炼孩子自主动手的能力和感恩的心态。幼儿专家一般认为，孩子真正开始做家事的年龄是 2 岁，大多数四五岁的孩子就已经能帮家里干许多活了。当然大多数工作对小孩来说还太艰巨，因此，要想让孩子积极地参与生活，可以从教他清扫地板上的灰尘这类简单的事开始。

劳动是孩子的天性，孩子在家务活动中可以充分体现其活动的天性，而且，他对此怀着强烈的兴趣，我们应早点花心思去教他动手做点家务，以免将来抱怨"喊不动他"。然而，教孩子做家务，安排他如何帮忙，却是一件需要年轻妈妈们花费心思的工作。因为很多事情你会觉得自己动手省时省力得多，所以凡事都想自己代劳。这样，你又怎么能指望他体会到你照顾家庭的辛苦呢？

当小孩做完一件事后，不管这件事本身的大小，你都应该对此表示高兴，让小孩知道你很肯定他的工作，但在肯定时忌用物质刺激，尽可能多采用鼓励性的话语。

现在，许多妈妈在工作之余还要兼做家务。因此，让孩子积极参与生活，对于配合维持一个整齐、干净的家，就显得格外重要。不仅是让小孩懂得收拾自己的东西，更主要的是要做出安排，制造机会，让孩子参与家务。这不但可以让孩子体会并分担父母的辛劳，还能让孩子学到许多做事的方法，从中培养体贴、负责、感恩的心，父母亦可以省许多力气，少操许多心，使家庭的气氛和谐、融洽。

有担当的孩子更有前途

在一个大雪纷飞的清晨，一个小朋友站在一户人家的门口，使劲地按着门铃。一位老太太打开了门，发现门口站着一个七八岁的小男孩。

"您好！"小男孩说，"我帮您打扫积雪，好吗？"

"你起得真早，在这附近我怎么没有见过你呢?"老太太说。

小男孩非常有礼貌地说："我是新来的，我们家刚搬到这个社区一周。现在我还不知道其他小朋友的作息时间，这么早就过来，是不是打扰你们了?"

老太太亲切地说道："没有! 我们早就起床了，我们老年人本来就睡得少。"说着，老太太对着屋内喊道："亲爱的! 我们打扫院子里积雪的工作，就交给这位小绅士喽!"

待先生应了一声后，老太太便带着小男孩去了放有铲雪工具的房间，边走边称赞道："你这么小，就不怕吃苦受累，还出来打工赚钱，将来长大了一定会有所成就。对了，你打算怎么花自己赚来的钱呢? 是存起来? 还是拿去买零食，吃个痛快呢?"

小男孩兴奋地说："我赚钱不是为了买零食的。我的爸爸妈妈都还在念大学，我现在打工赚钱赞助他们交学费! 他们答应，等我将来长大了他们也会同样地帮我读大学。"

相信这个让人心动的孩子，他的责任心和价值观一定与父母的家教理念有必然的联系，他明白一切事情只有付出才有回报，对于别人的付出要懂得感谢。

让孩子承担一些简单的劳动，从而培养孩子的感恩之心和使命感，是对孩子心灵的一种滋养。不懂得感恩，缺少责任感的孩子，因为找不到自己在社会中的地位与重要性，往往会产生精神上的迷茫和无所适从，他们容易失去上进的动力，也容易被一些轻浮事物吸引并沉溺其中。因此，在如今这种复杂的社会里，培养孩子感恩的心理和责任感就显得尤为重要和必要了。

良好的责任心是感恩的另一种反馈形式，它是一个人立足于社会，获得事业成功与家庭幸福的一种至关重要的人格品质。一位成功的人士曾经说过: 一个人必须有责任感，不管你做什么，都要把它做好，尽管你不知道在今后它将对你有什么样的帮助。其实每个人都可以成为成功者，只要他有责任心。

一个人的责任心表现在许多方面。例如，在生活上不依赖别人，自己的事自己做，敢于独立作出判断选择并为自己所做的事负责，等等。

家长都希望孩子懂得感恩，有担当，但孩子的责任心并不是与生俱来的，它需要在长年累月的生活中逐渐培养。家长可以借鉴以下几种方法:

1. 把孩子当大人看待

有些事情属于孩子力所能及的范围，可以让他们自己做决定; 而另一些事情孩子可以发表意见，但还没有能力做出决定，这需要家长做出选择并帮助孩子接受所作出的选择。父母要指导孩子在自己的选择中认识到自己的责任并发现自身的价值，从而培养孩子独立负责的精神。父母要鼓励和信任孩子，从而使他们相信自己有承担责任的能力。

在家中，父母不应该总把子女当小孩子看待，家中的许多事都要听取孩子的意见，让他们体验到一种家庭生活的参与感。如此，将会使孩子乐于帮助父母，进而培养孩子的责任感。

2. 让孩子多动手

如果不让孩子做力所能及的事，始终不给他们独立的机会，孩子就有可能失去做事的兴趣和愿望。家长应把责任感的培养融入游戏之中，在孩子很小的时候，就让孩子学着收拾玩具，把收拾玩具作为游戏的一部分，使孩子逐渐学会为自己的行为负责。家长也可让孩子做适当的家务劳动，使孩子体验一下自己对家庭应尽的责任，同时也培养了他们生活自理的能力，增强了他们的自信心与独立性。

3. 让孩子对自己的行为负责

孩子由于年幼，缺乏知识、经验，经常会出现一些过失，这并不奇怪。譬如，孩子不小心打碎了花瓶，一时冲动伤害了别人，粗心大意造成了麻烦等。发生这类过失的时候，父母不应该责怪孩子或袒护孩子，应让孩子自己负责。

一般来说，孩子有过失的时候，正是教育的大好时机。因为内心的不安使他急于求助，而此时明白道理有可能刻骨铭心。父母要利用这个时机，耐心地给孩子讲清道理，明确指出弥补过失的办法，使孩子建立起责任心。

4. 父母做出榜样

责任心和其他道德准则一样，不能单单靠口头说教，而只能由孩子从外界的吸收中取得。孩子在生活的各种环境中，会对自己喜欢的人进行模仿，从而塑造自己的品质。父母是孩子的第一任老师，在孩子眼中父母具有绝对权威，父母的言行会对孩子产生潜移默化的影响，如果父母做事总是丢三落四、不守诺言、推卸责任，那孩子会"看在眼里，记在心上"。身教胜于言传，父母做出榜样，孩子会在自己的行动体验中巩固对父母的学习，这样，责任心才会不断增强。

5. 给孩子点小任务

专家建议：应让孩子们饲养小动物、种点花草，让孩子们在喂养小动物、给鲜花浇水及施肥的过程中，一点一滴地培养自己的耐心与责任心，并将这种感情迁移到对待其他人和事物上。事实证明，这种教育方法有利于培养孩子的责任心，能够促使孩子形成健康的人格。

让孩子学会拒绝诱惑

韩培尔是德国很有名气的摄影家。他刚参加工作不久，姑妈来到柏林看他。他陪着姑妈转了转，就到了吃饭的时间。

由于他身上只有50马克，所以他想找个小餐馆随便吃一点，可姑妈却偏偏相中了一家很体面的餐厅。他没办法，只得硬着头皮随她走了进去。

两人坐下来后，姑妈开始点菜。当姑妈征询韩培尔意见时，韩培尔只是含混地说："随便，随便。"此时，他的心中开始七上八下，放在衣袋中的手紧紧抓着那仅有的50马克。这钱显然是不够的，怎么办？

可是姑妈一点也没注意到他的不安，姑妈一边吃，一边不停地夸赞着这儿的饭菜很可口，而韩培尔却什么味道都没吃出来。

最后的时刻终于来了，彬彬有礼的侍者拿来了账单，径直向韩培尔走来，韩培尔张开嘴，却什么也没说出来。

姑妈温和地笑了，她拿过账单，把钱给了侍者，然后盯着韩培尔说："小伙子，我知道你的感觉，我一直在等你说'不'，可你为什么不说呢？要知道，有些时候一定要勇敢坚决地把这个'不'字说出来，这是最好的选择。我来这里，就是想要让你知道这个道理。"

现在，这一课对所有的孩子仍然很重要：在他们力不能及的时候，或者面临不良诱惑时，父母要教会他们勇敢地把"不"字说出来。只有这样，他们才能够健康地成长。

孩子正处于生理发育和心理不断变化的时期，他们天真活泼、敢想敢干、精力旺盛、好奇心强、求知欲强，但理解能力差，缺乏克制能力，不能正确认识事物本质，分辨能力差，做事情不计后果。所以，很容易受到社会一些不良习气的诱惑，成为"问题少年"，甚至走上犯罪的道路。

时下，社会上的一些不良风气正逐渐渗透到家庭和校园里，这些不良风气不仅损害了孩子的身心健康，也影响到孩子以后的人生观、世界观和价值观，还有可能毁掉孩子的一生。目前，对孩子最有影响的不良风气主要有以下几种：

1. 网络的诱惑

数据显示，中国未成年网民人数超过 1600 万人，未成年人上网成瘾的问题越来越严重。有些孩子因过分地迷恋网络，经不住诱惑而成为"俘虏"；有的孩子因沉湎于网络而导致不与人交往、性格冷漠、脾气暴躁、辍学、离家出走、偷窃等行为。

2. 赌博的诱惑

近年来，赌博行为开始渗透到一些校园里。尤其是在一些纪律涣散、管理松弛的学校。有的学生竟公开在校园里赌博，有的学生甚至在课堂上通过传递纸条和打手势的方式赌博。参加赌博的孩子有的是因为学习成绩不好，赌博是他们逃学和打发时间的一种方式；有的孩子则是经不住别人的诱惑，而进入赌博场地的。赌博不仅会分散孩子的精力，影响学习，而且赌博一旦上瘾就不易消除，既浪费了金钱、时间，还会引起诸如失眠、健忘、食欲不振等问题。

孩子的赌博方式多种多样，有现金、实物，甚至是侮辱性的惩罚。孩子开始赌博时，只是觉得好玩，但时间久了，就会逐渐陷入其中而不能自拔。

3. 黄毒的诱惑

在色情的诱惑面前，孩子似乎显得更无能为力。一些不法经营者见利忘义，向孩子兜售黄色书刊、音像、图片等。特别是影视剧、互联网上色情的泛滥，更是诱惑孩子的直接因素。

4. 暴力的诱惑

影视剧中武打、侦探等剧情的描写，是孩子受暴力诱惑的主因。孩子的模仿能力很强，在对影视剧的模仿过程中，无意之中就成为有暴力倾向者，甚至是罪犯。加之社会上的一些不法分子对校园的渗透，校园里经常有以大欺小、对低年级学生进行勒索的现象，这更是直接影响着孩子。

5. 追星的诱惑

青少年阶段是心理上的"第二次断乳期"，这时孩子独立意识明显增强，渴望摆脱父母的依附而自己独自设计未来。因为脱离了父母的依赖而产生了"情感真空"，此时容易形成偶像崇拜，加上学习的压力和精神生活的贫乏，孩子极需要抚慰和情感沟通，明星便成了他们理想化的追求目标。

据一所中学以"谁是我最崇拜的人"为题的随机调查显示，孩子们最崇拜的人不是父母、不是老师，也不是科学家，而是歌星、影星。对明星的偶像崇拜，已成为青少年的主要追求对象，有些孩子为了明星甚至离家出走、自杀等。

美国某传媒公司对全美各监狱的 16 万名成年犯人做过一项详细调查，发现一个令人吃惊的事实，这些不幸的犯人之所以沦落到监狱中，有 90% 的人是因为他们没有经受住本能的诱惑。

一个孩子从小到大，一直到走进社会参加工作，他的生活中时时刻刻充满诱惑。面对诱惑，能够抵挡住的孩子，成年后在事业上更容易成功，著名的"糖果实验"就证明了这一点。

20 世纪 60 年代，美国心理学家瓦特·米伽尔做了这样一个实验：他拿着一些糖果对一群 4 岁的孩子说，如果谁想马上吃，就只能吃一颗，如果等 20 分钟，就可以吃到两颗。有的孩子经不住诱惑，马上拿了一颗糖果吃掉了，而有些孩子却坚持着，他们或闭上眼睛不看那些糖果，或唱歌转移注意力，或在一旁自言自语，20 分钟过去了，他们终于得到了两颗糖果。

米伽尔一直把这个实验进行了下去。这些孩子长大后，那些吃到一颗糖果的孩子易孤僻、易受挫，面对压力时逃避，没有耐心；而那些得到两颗糖果的孩子多是事业的成功者。

法国杰出的思想家卢梭曾经说过："从孩子开始对事物有分辨力的时候，就应该教会他忍耐和选择。"作为父母，要及早培养孩子抵制诱惑的能力，提高他们的"免疫力"。

鼓励孩子大胆地去尝试

从前，有一位国王，决定出一道题考一考他的大臣，以便从中选拔出智慧、勇敢的人担任要职。他把臣子们领到一扇奇大无比的门前说："这是我们王国中最大的门，也是最重的门。请问，你们当中谁能把它打开？"

大臣们都知道，这扇门过去从没打开过，所以，他们认为这门肯定是打不开的。于是，一些大臣望着门不住地摇头；另一些人则装腔作势地走上前去看一阵，但并不动手，因为他们不想当众出丑；还有人甚至猜想，国王或许另有用意，所以，静观其变才是最稳妥的态度。

这时，有一位年轻的大臣向大门走了过去，只见他双手猛力向大门推去，门被豁然打开了。原来，这扇门本来就是虚掩着的，没有锁也没有插栓，任何人都能轻易地推开它。

这个大臣最终得到了国王的奖赏，并获得了重要的职位。

这个大臣之所以能被重用，正是因为他敢于尝试不怕失败的行动。

其实，失败是孩子的权利，父母应该允许孩子失败，在西方国家，父母就非常尊重孩子的这种权利。当小孩子摔倒了、打架了、光着脚跑出去了，大人都不去管，让他们自己体验，他们才会知道什么事应该做，什么事不应该做。中学生参加夏令营，父母也不帮孩子整理行装，该带什么东西，由孩子自己掌握。孩子付出了一些代价后，就会学会如何为外出做准备，如了解当地的天气，带上必要的物品等。另外，他们的父母更多地关注孩子生活得快乐、健康和幸福，而不是对孩子施加期望过高的压力。他们知道，活得轻松、洒脱、自然的人，一般具有不过分看重功名的心态，他们反而容易获得成功。这些西方父母的成功经验，同样适用于我们中国的父母们。

我们知道，失败并非一定是坏事。父母应该这样思考："孩子从失败中学到了各种各样的东西，失败能使孩子勇敢地面对挫折。"孩子经过自己努力而掌握的知识和技能，要比从别人那里简单、机械地学到的知识和技能更具实用性，作用也更大，将会让他们受用终生。纵然失败，孩子从失败中获得的东西，也会对他以后的人生产生深远的影响。

假如父母过度地害怕孩子失败，不允许孩子失败，从而剥夺了孩子从失败中思索、在痛苦中学习的机会，那么，孩子或许会成为大人心目中的"好孩子"，可是，他也可能只是成为一个遇到问题就束手无策的人。当父母只让孩子走一条没有失败的、安全的道路时，他们的依赖性就会增强，自己解决疑难问题的勇气和能力就会下降。

允许孩子失败，这样的心态反而会让你的孩子更轻松、更从容，也更容易获得成功。

在绝大多数父母看来，孩子的想法往往是幼稚可笑的，他们总是想干一些几乎无法实现的事。此时，如果父母对孩子的想法加以嘲笑或阻拦，无疑会束缚孩子的想象力，不利于孩子的个性发展，只会把孩子培养成对父母言听计从的乖孩子，完全丧失开拓进取的精神。要想使孩子增长才干，就不要怕孩子失败，不要怕孩子受到挫折，应鼓励孩子按自己的想法去实践，给他们尝试的机会。

孩子按自己的意愿尝试着干一件事时，会竭尽全力去干好、干成功，这就有利于培养孩子的勇气和耐力。如果家长担心孩子干不好而横加干涉，要求孩子按家长的意愿去做，甚至越俎代庖，替孩子干，那么，孩子一旦离开家长，将很难独立做事。要相信，当孩子按自己的意愿去做事时，即使最终失败了，他也会从失败中得到宝贵的经验和教训，以后遇到挫折困难，也会从容应对。

父母的做法就是给孩子一个机会，让他在尝试中获得经验，学会运用已有的经验解决问题。这样既能培养孩子的责任感和自信心，也能提高孩子独立解决问题的能力。

让孩子大胆表现自己

有一天，上帝宣旨说，如果哪个泥人能够走过他指定的河流，他就会赐给这个泥人一颗永不消失的金子般的心。

这道旨意下达之后，长时间内没有哪个泥人敢于冒这个险。过了很多年，终于有一个小泥人站了出来，说他想过河。

"泥人怎么能过河呢？你不要白日做梦了。"

"你知道肉体一点儿一点儿失去的那种感觉吗？"

"你将会成为鱼虾的美食，连一根头发都不会留下……"

尽管很多人都劝阻他，然而，这个小泥人却决意要过河。他不想一辈子只做这样一个小泥人。他想拥有自己的天堂。但是，他也知道，要到天堂，必须先过地狱——就是先经历的河流。

小泥人来到河边，犹豫了片刻，便把他的双脚踏进了水中。

顿时，一种撕心裂肺的疼痛笼罩了他。他感到自己的脚在飞快地溶化着，每一分每一秒都有东西在远离自己的身体。

"快回去吧，不然你会被毁灭的！"河水咆哮着，小泥人没有回答，只是默默地往前挪动。一步，又一步……这一刻，他忽然明白，他的选择，使他连后悔的资格都不具备了。如果倒退上岸，他就是一个残缺的泥人；在水中迟疑，只能加快自己的毁灭。而上帝给他的承诺，似乎比天堂还要遥远。

但是，已经管不了那么多了，小泥人只好以一种让人无法想象的方式向前挪动着，一厘米，一厘米，又一厘米……

鱼虾贪婪地啄着他的身体，松软的泥沙使他每一刻都摇摇欲坠。有无数次，他都差一点葬身于波浪之中。小泥人真想躺下来休息一下啊！可他知道，一旦躺下他就会永远安眠，连痛苦的机会都会失去。他只能忍受，奇妙的是，每当他觉得自己将要死去的时候，总有一种力量使他坚持下去。

不知道过了多久，他突然发现，自己居然上岸了。他如释重负，欣喜若狂，正想往草坪上走，又怕自己的衣衫玷污了天堂的洁净。他低下头，开始打量自己，却吃惊地发现，他已经什么都没有了——除了一颗金灿灿的心。而他的眼睛，正长在他的心上。

在人生的道路上，在每一个面临磨难的时刻，不同的人往往会有不同的表现，胆子小的孩子，除了退缩，就别无选择，只有拥有梦想的孩子，才能勇敢地剥去自己身上的"泥土"，发挥出自己金子般的智慧，最后成就伟大的事业。

我们都知道，每一个孩子都有很强的可塑性。但超强的模仿力和较弱的判断力总让他们无法意识到自己的行为是对是错，无意间就会形成种种毛病。所以，父母在教会孩子学会勇敢的同时，要强调让孩子勇于认识自己的不足，并花大力气改正、去除缺点。

有的家长可能会认为，一点小毛病没什么大不了的，没必要因此而委屈孩子。于是就不闻不问，任由孩子自由发展，结果形成了一种让父母尴尬的现象：你会慢慢发现你的孩子可能聪明伶俐，学习很棒，只是总会有类似不讲礼貌、任性贪婪、不文明、动作粗野甚至撒谎、不尊敬长辈等让人头痛的问题困扰父母。因此，为了不让这种令人遗憾的缺点影响孩子将来的发展，家长必须让孩子正视自己的缺点，努力改正不足之处。

这个过程对孩子来说可能会有一点点辛苦，这就需要孩子敢于面对，敢于吃苦。"想要一块土地不长野草，就必须在这块土地上种满庄稼"，只有剥去身上的泥土，才能展现出孩子最真实的美好。

培养孩子乐观的性格

培养孩子乐观的性格，不仅有利于孩子的健康成长，也会影响到孩子未来的幸福。其实孩子的天性本应该是乐观的，对于孤独和悲观，父母完全可以帮助他们改变。

孩子的人生是从一张白纸开始的，其后他们的生活环境和生活状态无一不在这张白纸上留下印迹。如果他们具有了悲观的性格，他们就会不断寻找生活的缺陷和阴影，在他们的眼中，生活就是灰暗的。而乐观者则会从中看到和发现潜在的希望，发现生活中绚丽的色彩。

有这样一个故事：

曾经有两个孩子，一个叫悲观，一个叫乐观。有一次父亲要出门，故意给了悲观一屋子非常好玩的玩具，而把乐观关进了马厩里。傍晚父亲回来的时候，看见悲观在屋里哭，所有的玩具他都没摸一下，因为他怕把它们弄坏了。而乐观则在马厩里玩得忘乎所以，看到父亲时，他高兴地对父亲说："这匹马的肚子里面一定藏着一个小马驹！"

这个故事告诉我们：人生的快乐很大程度上取决于心态和性格。

据统计，目前全国有千分之一的孩子患有精神疾病，其中大部分是由悲观和孤独引起的。这些孩子多表现为兴趣狭窄、活动刻板、行为异常，绝大多数智力低下。

培养孩子乐观的性格，主要取决于家庭，尤其是父母。教育的介入和良好的训练，是培养孩子乐观性格的主要方法之一。专家指出，培养孩子乐观的性格，教育和训练越早越好。

培养孩子乐观的性格，不仅需要智慧和耐心，还需要科学的教育和训练方法，主要从以下几个方面入手：

1. 父母要做出榜样

在生活中，父母的言行是孩子仿照的榜样。父母是一个乐观的人，孩子多半也是一个乐观主义者。因此，要想孩子乐观，父母就必须表现出快乐。

2. 给孩子更多的爱

父母对孩子的爱，可以让孩子对生活和未来充满信心。因为父母的爱，可以让孩子快乐起来，从而对世界充满兴趣和热情。父母要经常把对孩子的爱表达出来，比如搂抱孩子、抚摸孩子和说一些充满爱意的话语。

3. 鼓励孩子多交往

父母要给孩子创造与同龄人交往的机会，尤其是多接触有着乐观性格的伙伴。给孩子提供与同龄人交往的时间和空间。比如，让孩子邀请伙伴来家中做客，给孩子安排充裕的时间去同学、伙伴家里去玩等。

4. 丰富孩子的精神生活

让孩子多阅读一些优秀的童话故事、科普读物、名人故事等图书，丰富孩子的情感，让孩子养成良好的阅读习惯。同时鼓励孩子结合阅读进行各种制作和表达活动，培养孩子对艺术的欣赏能力。比如，让孩子制作各种小玩具、讲故事，等等，让孩子从中体会到乐趣。

5. 让孩子自由表达喜乐

由于孩子的性格不同，他们对情感的表达方式也不同。父母应多了解和理解孩子，当孩子开心地大笑或悲伤地哭泣时，父母不要一味地指责和训斥，而应该通过言语和举止表达出对孩子情感的共鸣。

孩子，　请再等一等

有这样一则寓言故事：

有一条小河，河岸的这边到处都是荒草、烂叶，而且荆棘丛生，但河的对岸却是繁花似锦，花香鸟语。然而，有几条毛毛虫却生在河岸的这边，面对着自己如此糟糕的生活环境，这些毛毛虫十分向往到河的对岸去生活，但现在又不能过去，于是它们开始抱怨自己的妈妈为什么把它们生在这种鬼地方。蝴蝶妈妈听到毛毛虫们的抱怨后，安慰它们说："你们知道吗？这边的环境虽然不是很好，但你们在这边生活会更安全，会让你们顺利地长大。等你们长大了，长出了翅膀，你们自然就能够飞到河的对岸去啦！"可是，那些毛毛虫们却不愿意等待，它们想现在马上就过去。

有一天，一个小男孩到河里游泳，不知不觉就游到了河的这边来。几条毛毛虫一看，以为机会来了，于是就迫不及待地落在那个小男孩的头上，想乘机让小男孩把它们"带"到对岸去。可是，小男孩在下水的时候，发现了自己头上的那些毛毛虫，于是三下五除二就把它们全给拍死了。

不久，河边又游过来一群鸭子。那些毛毛虫一看，又开始蠢蠢欲动，它们想借助鸭子"游"到对岸去，虽然它们知道这样做很危险，但还是有几条毛毛虫毫不犹豫地落在鸭子们的身上。刚开始时，那些鸭子并没有察觉到它们，所以只是慢慢地往河的对岸游过去。然而，就在那些毛毛虫们为自己的聪明而暗自得意时，鸭子们却发现了彼此身上的美味，于是便把它们饱餐一顿。

即使这样，剩下的那些毛毛虫还是不甘心，它们仍然强烈地希望能够早点到对岸去，并不断地寻找新的时机。机会又一次来了，这一天，河上狂风大作，而且风是从河的这边往对岸那边刮的，于是毛毛虫们纷纷地爬上落叶，希望这些落叶能够把它们"载"到对岸去。然而，非常不幸，由于风刮得太猛烈了，那些树叶刚一落到水里没多长时间，就被掀翻了。这样一来，那些可怜的毛毛虫便被淹死在河里了。

最后，只有那只一直听妈妈的话，安心待在河岸这边的毛毛虫，慢慢地长大，并变成了一只美丽的蝴蝶，它扑扇着翅膀，高兴极了，因为它知道，自己终于可以飞到美丽的彼岸去了。

故事中那只一直听妈妈的话的毛毛虫，为什么它愿意等待，并最终变成一只美丽的蝴蝶呢？因为它拥有一种乐观的心态，那就是相信自己一定会长大，一定会长出翅膀，一定能够飞翔，所以它才安心地等待着，最终实现了自己的梦想。

然而，在现实的生活中，很多父母由于受到功利主义的影响，总是给孩子太多的梦想，并希望孩子早日去实现。但实际上，这是一种拔苗助长的做法，最终的结果只能是孩子那些小小的梦想都被弄得支离破碎。

所以，我们一定要让孩子懂得，生活并不完美，并且充满着挫折，要想飞翔就必须学会等待。要知道，没有经过一个季节成长起来的果实是不会香甜的，没有经过漫长窖藏的美酒也是不会醇香的。

永远给孩子希望

在一次航行中，由于海风袭来卷起很大的浪潮把船打沉了，船上人员死伤无数。有一个人却侥幸获得了一个救生艇而幸免于难，他的救生艇在风浪上颠簸起伏，如同树叶一般漂来漂去。他迷失了方向，救援人员也没有找到他。

天渐渐黑下来，饥饿寒冷和恐惧一起袭上心头。灾难使他除了这个救生艇之外，一无所有，甚至连自己的眼镜也丢了，他的心灰暗到了极点，无助地望着天边。忽然，他看到一片片阑珊的灯光，高兴得几乎叫了出来。他奋力地划着小船，向那片灯光前进，然而，那片灯光似乎很远，天亮了，他也没有到达那里。

但是他没有死心，仍然继续艰难地划着小船，他想那里既然能看到灯光，就一定是一座城市或者港口，生的希望在他心中燃烧着。

白天时，灯光看不清了，只有在夜晚，那片灯光才在远处闪现，像是在对他招手。

就这样，三天过去了，饥饿、干渴、疲惫更加严重地折磨着他。有几次他都觉得自己要崩溃了，但一想到远处的那片灯光，他又陡然增添了许多力量。

第四天，他依然向着那片让他有生还希望的灯光划着。最后，他实在支撑不住了，就昏倒在艇上，虽然如此，但他脑海中却始终闪现着那片灯光，依然认为自己能够活着到达那片有灯光的港湾或码头。

到了晚上，终于有一艘经过的船把他救了上来。当他醒来时，大家才知道，他已经不吃不喝在海上漂泊了四天四夜。

当有人问他是怎么坚持下来时，他指着远方的那片灯光说："是那片灯光给我带来了希望。"

大家顺着他指的地方望去，那里哪是什么灯光，只不过是天边闪烁的星星！

希望可以支撑一个人的心理承受力，甚至可以创造奇迹。

美国诗人波普说得好："人的心中，永远有希望在跳跃。"也许这不可磨灭的希望，便是身为人类的最大特点。虽然常常遭遇挫折，可是希望却仍活在心头。只要希望不被消灭，人类就永远不会被击倒。

"我一看你修长的小拇指就知道，将来你一定会是纽约州的州长"，一句普通的话，改变了一个学生的人生。

此话出自美国纽约大沙头诺必塔小学校长皮尔保罗之口，话语中的"你"是指当时一名调皮捣蛋的学生罗杰·罗尔斯。小罗尔斯出生于美国纽约声名狼藉的大沙头贫民窟，这里环境肮脏、充满暴力，是偷渡者和流浪汉的聚集地。因此，他从小就受到了不良影响，读小学时经常逃学、打架、偷窃。一天，当他又从窗台上跳下，伸着小手走向讲台时，校长皮尔保罗将他逮个正着。出乎意料的是，校长不但没有批评他，反而诚恳地说了上面的那句话并给予语重心长的引导和鼓励。

当时的罗尔斯大吃一惊，因为在他不长的人生经历中只有奶奶让他振奋过一次，说他可以成为5吨重的小船的船长。他记下了校长的话并坚信这是真实的。从那天起，"纽约州州长"就像一面旗帜在他心里高高飘扬。罗尔斯的衣服不再粘满泥土，罗尔斯的语言不再肮脏难听，罗尔斯的行动不再拖沓和漫无目的。在此后的 40 多年间，他没有一天不按州长的身份要求自己。51 岁那年，他终于成了纽约州的州长。

孩子是每位家长的希望，我们也应让孩子充满希望。孩子常常将幼儿园老师奖励的小红花视为珍宝，常常将老师表扬自己的话一字不漏地甜蜜地记在心里。但一些父母对待孩子荣誉的态度却有所不同，有的父母在孩子获得好的成绩后，为了让孩子戒骄戒躁，装出一副无动于衷的样子；还有的父母过分重视孩子的荣誉，动不动就板起面孔，使孩子惶惶不安。

父母对孩子所取得的每一个荣誉，哪怕是再不起眼的荣誉，都应站在孩子的角度，做出积极的反应。

父母要让孩子感受到你的赞赏与期待，让孩子知道，自己得到荣誉是对父母最好的回报。这样，孩子每天才会有新的方向，才能有新的发展。

每个孩子心灵深处最强烈的需求和成人一样，就是渴望受到赏识和肯定。父母要自始至终地给孩子前进的信心和力量，哪怕是一次不经意的表扬，一个小小的鼓励，都会让孩子激动不已，甚至会改变孩子的整个面貌。每个孩子的潜力都是巨大的，做父母的就要在孩子成长的道路上不停地为他们鼓掌欢呼、加油喝彩。

当一个人满怀希望时，心中有个美丽的愿景，他就会努力向前看。即使偶尔显得有点失望，也不会绝望，不会轻易说颓废消沉的话。

当孩子的希望无法一下子实现时，父母应该及时鼓励孩子，不应让他就此失去信心。因为只有让孩子充满希望，才会支撑他一步一步地去实现自己的目标。

困难是为了培养孩子的能力

困难可以将你击垮，也可以使你重新振作。这取决于你如何去看待和处理困难。美国著名作家罗威尔曾说："人世中不幸的事如同一把刀，它可以为我们所用，也可以把我们割伤，那要看你握住的是刀刃还是刀柄。"这不仅是对大人而言，更是对孩子来说。

遇到困难时，如果握着"刀刃"，就会割到手；但是如果握住"刀柄"，就可以用来切东西。要准确握住刀柄，可能不容易，但只要讲究方法和技巧，还是可以做得到的。

我们应该告诉孩子人生中能够遇到这些困难，是值得高兴的事情。若没有了这些，人生就不称其为真正的人生。

如果孩子可以因为成长而克服困难，则困难就是激励他们成长的要素。俄罗斯有一句谚语："铁锤能打破玻璃，更能铸造精钢。"如果孩子像钢一样，坚强地去克服人生中的困难，那么这些困难正好可以磨铸他的意志和力量。

美国前总统艾森豪威尔曾把自己的母亲看作是自己所认识的人中最明智的人，她的明智来源于她的宗教信仰。她在家庭里制造出这种神奇的力量，而她就是这种力量的中心。

艾森豪威尔曾回忆说，有一天一家人晚上玩牌，他很埋怨自己手气不好。母亲突然停下，告诉他玩牌的时候要接受自己抓来的牌，并说明生活也是这样，上帝为每个人发牌，而你只能尽自己的最大努力玩好自己的牌。

艾森豪威尔说他从来没有忘记过母亲的这个教诲，并且一直遵循它。

很多家长都想谈谈如何面对挫折和痛苦的问题。而面对这个问题时，最值得强调的就是要有乐观的心态。

乐观的心态是生活中不可缺少的。正如古人所说："天下事不如意者常十之八九。"在生活的海洋中，事事如意、一帆风顺地驶向彼岸的事情是很少的。工作中受到挫折、生活上遭到不幸、事业上遇到失败，这些都有可能发生。

有的人在厄运和不幸面前不屈服，不后退、不动摇、乐观向上，顽强地同命运抗争，因而在重重困难中冲开一条通向胜利的路，成了征服困难的英雄，成为掌握自己命运的主人。而有的人在生活的挫折和打击面前，垂头丧气、自暴自弃，丧失了继续前进的勇气和信心，于是成了庸人和懦夫。

对于英雄而言，痛苦是生命的里程碑，当他走过去，人们从这些碑上的文字里读到的是心灵的震撼。

对于懦夫而言，痛苦却是不可逾越的鸿沟，他在鸿沟面前倒下，多年以后，人们看到了鸿沟，却看不到他在哪里。

每个人的身上都蕴藏着不可估量的潜能，每个人，包括你我以及所有的孩子们，当挫折和痛苦无情地向我们袭来之时，乐观的心态能让我们成为凌驾于它们之上的英雄。

每天给孩子一点积极的暗示

人，本身就是一座难以估量的、蕴藏丰富的矿山，有时并不需要挖掘机和炸药，而只需要师长或朋友一句真诚的赞语！

有一个叫圣安·玛莉娅的女孩，生于英国南部一个贫困家庭。两岁时，她的左脸上长出了一颗黑痣。自此，人们歧视的目光时时向她投来，令她痛苦不堪。幸好，她对读书有着浓厚的兴趣，在她看来，只有徜徉于书海，才能抛却四周的那些冷漠目光。

有一天，牛津大学的一位著名教授，意外地发现了这位正陶醉于书海中的女孩。她那如痴如醉的神情，让教授深感惊奇。他情不自禁地对随行的人说道："哎呀，简直不可思议，这位小女孩双目炯炯有神，智慧一定非凡过人，将来定是这个小镇上最有出息的人。"

这位牛津教授说此话的初衷现在我们无法猜想到，但他这句话传开后，小女孩的命运却发生了戏剧性的变化。她的父亲从此格外地疼爱起她来，而先前那些歧视和冷漠的目光，也换成了艳美的眼光，甚至还有富人主动为她出钱，给她提供当时最好的求学条件。小女孩也像换了一个人一般，变得格外勤奋和自信起来。

小女孩果然不负众望，获得了剑桥大学博士学位，日后又成为英国著名高等学府——爱丁堡大学最年轻的女教授。

每个人都祈求成功，但是最终只有对自己充满自信的人，才能到达成功的彼岸。没有自信，毛泽东不可能写出"到中流击水，浪遏飞舟"的豪迈词句；没有自信，罗斯福不可能以残疾之躯，带领美国人民走出大萧条的阴影；没有自信，许海峰不可能在奥运会上一枪打出中国人的荣耀……

其实，自信一方面需要父母培养，一方面也要依赖知识、体能、技能的储备。但在具体做时，需要注意以下两点：

一要经常教育孩子暗示自己行。"暗示"是一个心理学名词，主要指人的主观感受、主观意识对行为的一种引导、控制作用。很多人都有这种体会：当一个人生病时，亲人、朋友总要关切地告诉他，要打起精神、振作起来，或者是好好休息、安心静养，谚语中也有"心病要用心药医"的说法，这些都是"暗示"在社会生活中的应用。让孩子在每次考试前或比赛前，在心中默念"我能考好"或"我能行"之类的话，常常可使他们从心理上放松，逐渐地培养起自信的心态。

二要从行为方式上对孩子进行培养。行为方式是人的思想品质的外在体现，如果行动上躲躲藏藏、不知所措，很难令人把你同自信联系起来。每当孩子和人谈话时，都要让他看着对方的眼睛（当然不能死死地盯着），不去躲避对方的目光；说话时要尽量清晰而有条理地表达，不要让声音憋在嗓子里。如果对要表述的内容心中没底，就预演一番，这样心里就有把握了。

面对困难，我们应让孩子大声地对自己说："我能行！"

有时孩子会陷入困境中不能自拔，因为他们不相信自己能行，从而放弃了努力，也越陷越深。要想摆脱困境并脱颖而出，拥有自信的心态非常重要。

身在顺境中可以让人自信。自信的人相信自己的能力——承受能力、应变能力、把握能力。这种相信应该是理智而不盲从，大胆而不冒失，对成功有足够的策略，对失败有足够的准备。

身在逆境中依然可以让人自信。自信的人在逆境中乐观、豁达，坦然地面对坎坷和困难，并为解决困难做不懈的努力。他相信一切困难都是暂时的，坚信"道路是曲折的，前途是光明的"。

鼓励孩子去做自己喜欢的事

林肯是美国历史上一位伟大的总统，他小时候家境贫寒，但却聪明好学，胸怀大志。

在林肯渐渐长成小伙子时，他对未来开始有了自己的打算。他最推崇那本《印第安纳州修正法典》，并不止一次地向父亲描述他对未来的美好憧憬。

"爸爸，也许我是块做律师的料，我也想向这方面发展，而且约翰·皮切尔法官允许我到他的办公室学习法律。"

"律师？我的儿子，你有没有想清楚？你是我的儿子，我是个移民，命中注定，你要和我一样。只要你勤劳能吃苦，以后成家立业是没有问题的。做律师？我看你太不现实了。"

但是，林肯的妈妈萨莉却鼓励他说："孩子，如果你想做什么，就大胆去做吧。"

"可……也许爸爸说得对，我是移民的儿子，不是当律师的料……"

"他说的全是胡话！"萨莉语气尖锐地说，"你不是读过印第安纳州的《宪法》吗？那上面说得对，上帝创造了我们，大家都是平等的。"

母亲萨莉的话给了林肯极大的勇气和信心。他开始没命地看书，这为他以后成为律师并走上总统之路奠定了坚实的基础。

孩子的梦想是各式各样的，与成人相比较，他们的梦想往往更加感性。很多时候，他们的梦想来自于对一件事情无限度地发挥。在这个过程中，他们自由自在地遐想，不受条条框框的限制，也缺乏经验和认识。这些梦想，有的是可以实现的，有的是不可能实现的，有的看来似乎不可能实现，而实际上它包含着可以实现的因素，经过努力是可能达到的。很多情况下，这些梦想的实现同家长的引导、鼓励和帮助是分不开的。

美国莱特兄弟能制造出世界上第一架飞机，就是父亲引导和帮助的结果。莱特兄弟在 10 岁时，有一天晚上，他们在大树下玩耍，抬头透过树叶看到了天上有一轮又圆又大的月亮，两个人就商定要把月亮摘下来，放在屋里，那样就可以不用点灯了。这个想法把他们乐坏了。

于是他们就开始行动了。小哥俩脱掉鞋子，向高高的大树爬去，快爬到树顶上的时候，一阵风刮来，弟弟心中害怕了，手一松，从树上摔了下来，幸好被一根树枝挂住了衣襟，才没有落到地上。

爸爸知道情况后，并没有责骂他们，而是边给他们洗脸，包扎伤口，边对他们说："月亮并没有长在树梢上，而是挂在空中，离地面还很远，你们爬到树上是摘不到月亮的，应该造一种会飞的大鸟，骑上它到空中去摘月亮。"

莱特兄弟在父亲的引导和鼓励下，对天上的月亮更有兴趣了。从此他们决心制造出一只大鸟来，去摘天上的月亮。

梦想对孩子来说，有着非凡的魅力，对孩子的成长具有巨大的牵引和激励作用。心理学家认为，孩子的梦想其实是自我的理想化。父母帮助孩子向梦想迈进，会让孩子产生强劲的内驱力，他会在困难面前变得坚强、不退缩、主动去克服，并在征服困难的过程中得到快乐。

1928 年出生于大阪的手冢治虫，从 5 岁时开始画漫画。他的母亲拿到父亲的工资后，总是先给他书本费，里面包括买漫画书的钱，并常常绘声绘色地将书读给手冢听。家里的漫画书慢慢达到 200 多册，到了周日，附近的孩子们一早就来借阅，母亲总是热情地款待孩子们。

五年级时，手冢画了一册漫画给同学们传看，被班主任干秀雄没收。教研室里的老师也传看起来。看完后，老师又将漫画还给了心惊胆战的手冢。

"喜欢画什么就画什么吧。"干秀雄教师认可了手冢。这位老师的作文课也很有意思。他发给每人 10 张稿纸，让大家尽情地写自己喜欢写的事。课上虽仅一小时，但没写完的可以回家写，过三四天再交也没关系，能多写的写30 张稿纸也行。

手冢后来取得了医学博士学位，在他面临人生的抉择时，母亲又给了他重要影响："做漫画家吧。"因为从小喜爱收集昆虫，所以他就以手冢治虫的笔名发表漫画。漫画使他在国内外广获声誉。1963 年他获得布鲁本教育文化电影奖，1980 年他的《火鸟2772》获拉斯维加斯电影节动画片奖。

手冢治虫在谈对自己孩子的教育时说："孩子是父母的镜子。作为父亲，我让儿子进入我的工作空间，看我工作，父亲令孩子尊敬的地方大概是勤奋。工作中的父亲对孩子的成长是良药。当孩子拿自己的小发明、小创造给父母看时，一定要鼓励他，参与到他的小发明之中，而不仅仅是应付他。"

在与年轻一代谈话时，他这样说："年轻人拥有自己可以向人们骄傲的特长，是幸福的。每个人最好有两个方面的追求，当一个方面遭到挫折或失败，还有另一个在前方支持自己。做自己喜欢做的事时，不要厌烦，要耐心地坚持。"

每个孩子都有自己的梦想，梦想是他们对未来的美好描绘。然而，很多家长对孩子的梦想表现出不屑一顾的态度，有的甚至一棍子打死。比如，有的孩子对妈妈说，他长大要当飞行员，妈妈却撇了嘴说："就你那破成绩，在飞机上当清洁工都不会有人要。"孩子梦想的幼芽刚刚萌发，就被母亲一脚踩死了，更让孩子丧失了做梦的勇气。如果这个妈妈能像小乔丹的母亲那样去鼓励、引导，帮助孩子实现他的梦想，没准他长大后真会成为一名优秀的飞行员呢。

孩子的任何梦想都是有价值的，因为梦想在孩子心中是最美的、最神圣的，它会激励孩子敢于想象，敢于努力。所以，不管孩子的梦想多么荒唐、多么可笑，它都是一个无价之宝。家长要珍惜孩子的梦想，千万不要向他们泼冷水，要引导他们把梦想描述出来，让孩子在梦想的憧憬中，轻松而有兴趣地学到知识。

索菲娅·罗兰之所以能成为世界闻名的影星，同她的母亲是分不开的。

正是因为当初母亲对她梦想的不懈支持，才有了她日后的辉煌。索菲娅出生在意大利的小乡村，以私生子的坏名声出世。6岁时，世界大战的战火席卷了她的家乡，小小的索菲娅终日与战争、恐惧和饥饿相伴。后来，战争结束了，好莱坞影片进入意大利，她对这一艺术形式怀着浓厚的兴趣，产生了当电影演员的梦想。母亲非常支持女儿，鼓励她勇敢地为梦想奋斗。

有些父母抱怨说："我的孩子每年都在改变主意，我无法帮助他实现梦想。"其实，不管孩子的梦想如何改变，都要加以鼓励，因为孩子能从每个梦想中学到一些东西，反过来他们又把学到的东西带入下一个梦想之中。

帮助孩子除掉恐惧的心理

孩子的心灵就像他们正在生长发育的身体一样，非常脆弱、稚嫩，经受不住大人们的恐吓。可是有些家长却抓住孩子的这一弱点，以吓唬的方式来使孩子听话，让孩子的心灵受到难以治愈的创伤。

一天中午，父母等了老半天，上小学的儿子还没有回来吃饭。他们到学校去找，老师说学校按时放的学，孩子早已离校。父母着了急，热心的人们帮助父母四处寻找孩子的下落。最后，在离学校不远的河边找到了痛苦不堪、意欲投河自杀的儿子。10岁的孩子为何欲寻短见？原来，孩子考试没有考好，见到发下来要求家长签字的试卷，想起了考试前父亲的叮嘱："这次如果还考不好就别进家门了。"

父亲了解了情况后感到非常懊悔，没想到一句吓唬孩子的话，竟给孩子的心灵造成这么严重的创伤，险些断送了孩子的性命。

如今，动辄对孩子进行恐吓的父母大有人在，吓唬的方式也是多种多样。有的父母爱拿警察来吓唬孩子，对孩子说："再不听话我就打电话让警察来把你抓走"。有的家长甚至讲些妖魔鬼怪、装神弄鬼的故事吓唬孩子。

恐吓孩子就是利用孩子天真、胆小的弱点让孩子听话、顺从。可是这种教养的方法是一种得不偿失的愚蠢行为。孩子天生就惧怕一些事物，心理学工作者对此有过统计：1岁以内的孩子害怕巨大声响、陌生人、环境突然改变、失去亲人照顾；1—2岁害怕陌生人、怕与父母分离；2—3岁害怕黑暗、独自在家、与父母分离；3—4岁害怕动物、昆虫、黑暗的房间；4—5岁害怕野生动物、鬼怪、雷鸣；5—6岁害怕上学、身体受伤害、超自然事件；7—10岁害怕社会交往、战争、身体伤害和学习问题。利用孩子的这些弱点恐吓孩子，只会给孩子留下阴影，使他变得更胆小怕事，更加懦弱。一位上了年纪的人回忆说：记得自己小时候，母亲常哄骗自己说"再哭雷公公会打死你，山里的老妖精听到声音会来抓你"之类的话。这种潜藏的恐惧心理一直延续到他上学甚至长大之后，当时他是学校公认的胆小、情绪不稳定的学生。

作为父母，应该了解孩子惧怕某些事物的心理特点，不能恐吓孩子，给孩子的心灵雪上加霜，而应该帮助孩子克服恐惧心理。

比如，让孩子在生活中避开一些可怕的东西，如有攻击性的动物、狂风、雷电，以及激烈的吵架场面、夜间独行等。一些难以回避的事物在最初接触时，要有大人在场，要逐步进行，由远及近，由表面到深入，由父母在场到独自接触。这些训练应在充分认识孩子的能力前提下进行。有人逼着孩子与可怕的事物接触，以此来锻炼孩子的胆量是不可取的，这样只能使孩子更加胆怯。父母应给孩子讲明事物的本来面目，让孩子理解事物本身并不可怕，从而解除他的恐惧心理，还可以给孩子讲英雄人物的故事，鼓励孩子勇敢地面对一切，积极主动地去探索未知。

让孩子拥有自己的想法

伊芙琳·格兰妮是世界上第一名女性打击乐独奏家，她出生在苏格兰东北部的一个农场，从8岁时就开始学习钢琴。随着年龄的增长，她对音乐的热情与日俱增，但不幸的是她的听力却在日益下降。医生断定她到12岁，将彻底耳聋。她的父母朋友也纷纷劝她改学其他专业。

她为此伤心欲绝，她曾经的目标是——成为打击乐独奏家，而不是一名聋的音乐家！就在她几乎要放弃的时候，她的姨妈对她说："一定不要让其他人的观点阻挡你成为一名音乐家的热情。无论做什么事都要记住：不要管别人怎么说，只要你自己心里知道你是对的就行了。"

从这以后，她义无反顾地坚持自己的目标，终于成为了全世界第一位专职的打击乐独奏家，为打击乐独奏谱写和改编了很多乐曲。

每个人都有成功的潜力，只是很多人在为成功努力的过程中不知不觉被他人的观点影响和阻碍，不能再坚持自己的初衷，成功的希望自然就不存在了。

当父母看到孩子在为一个目标奋斗时，一定不要对孩子的行为的积极性发表议论，而要告诉你的孩子对于任何事情都不能草草了之，要深思熟虑。

读书时，让孩子不要一个劲儿囫囵吞枣地全盘吸收，而要取其精华，弃其糟粕；对于别人所说的话，勿人云亦云，须斟酌其是否正确。如果孩子不爱去追究有真实意义的东西，那他的判断力就很容易被世俗所误导。

要想让孩子成为一个优秀的人，就应让他们学会独自思考，然后坚持自己的想法。为此，父母必须提醒孩子的第一点是：不要被想当然的事所迷惑。即使是一件十分简单的事情，孩子也不要按照常规去处理。可以让孩子问一问自己，这件事情有没有它自身的特点？这样解决是最佳的方法吗？长此以往，这些问题一旦出现，他就会三思而后行。

很多事情的成败往往由于一时疏忽所致。这些错误常常是那些分析能力很强、思虑缜密的人们，在急于求成的过程中，由于一时的大意而导致的。

父母给孩子的第二个提示是：对于孩子从头脑中萌生的看法，首先要重新评估一下，它是否真的是孩子自己的意见。要让孩子想一想，这个见解是自己先提出来的，还是曾经听别人说过？这个意见是否有些偏激？其中有多少人为因素？自己看待这个问题客观吗？考虑好了这些问题以后，如果他认为自己的意见是公正的，希望他能多方听取别人对这件事情的看法，然后再综合各种意见，归纳出自己的观点。

"要是我不听他的就好了！"许多人常常这样抱怨道。但是，你为什么不用自己的大脑去处理问题呢？别人的意见或建议固然值得听取和采纳，但也要做一番缜密的思考。当然，谁都不可能永远正确，失误在所难免。不过，如果能够对每件事情都深思熟虑、反复斟酌，就会把失误的概率降到最小。伴随着孩子的成长，麻烦的事也会层出不穷，"思考"本身也是多数人想省掉的"麻烦"，然而这是每个人都不可以放弃的过程。

让孩子学会为别人着想

有一天，在儿童俱乐部的大厅里，一位满脸歉意的工作人员，正在安慰一位四岁的小孩。

　　原来这位工作人员因为一时疏忽，在网球课结束后，少算了一位，将这位澳洲小孩儿留在网球场。等她发现人数不对时，才赶快跑回网球场，将这位小孩带回来。而小孩因为一个人在偏远的网球场而饱受惊吓，已经哭得精疲力竭了。

　　正在这时，小孩的妈妈出现了，看着自己的小孩哭得惨兮兮的，也非常担心。

　　如果你是这位妈妈，你会怎么做，痛骂那位工作人员，还是生气地将小孩带走，再也不参加俱乐部了？

　　这位妈妈蹲下来安慰她的小孩，并且很理性地告诉她："已经没事了，那位姐姐因为找不到你而非常地紧张，所以现在你必须亲亲那位姐姐脸颊，安慰她一下！"

　　只见那位四岁的小孩，踮起脚，亲亲蹲在她身旁的工作人员，轻轻地告诉她："不要害怕，已经没事了！"

　　故事中的妈妈是好样的，她抓住了教育小孩的最好机会，及时教给孩子在自己伤心难过的时候也要记得别人的感受。孩子的这一举动，令那位大意的工作人员心里宽慰了许多。我们可以欣慰地想，当那可爱的孩子踮起脚亲她的时候，她一定是很开心的，而且一定是一下子就放下了心头的一块大石。这么一个小小的举动就可以让一个可能很不愉快的局面得到缓解，这种气氛是多么温馨和美啊！

　　在我们的记忆中，孩子大多是父母的掌中宝、心头肉，个个都娇生惯养，父母从来都舍不得打骂孩子，因而让孩子变得自私自利起来，只想着自己的感受而忽视了他人的情感。难道就由着孩子这样发展下去吗？不，如果要孩子学会生存、学会做人就必须要懂得关心体贴别人，多为别人着想。即使在受到伤害的时候，也不要忘了别人的感受，因为那个使你受伤的人也许正在为伤害了你而自责不已。

　　我们时常发现孩子对周围的人漠不关心，更深一步地说，他们常常会无视他人的存在，任性而为。无论是什么场合都随便使小性子，利用父母尴尬的处境以满足自己的需要，甚至提出很多无理要求。即使是同小朋友在一起时，也总是自私自利，以自我为中心，动辄哭闹，只因对方不理睬自己或对方不听从自己的支配。更不要说当他们受到伤害时去安慰对方，为对方着想了。

此外，孩子有时为了表现自己的优越感，或者是想讨好四周其他的人，他们往往乐此不疲地模仿别人的缺点，暴露别人的短处。父母必须明白这种行为是不道德的，任何人都不应该这么做。当他在这么做的同时，可能就已经为自己这一辈子树立了一个敌人了。不仅如此，在现场的朋友当时可能因你的孩子的滑稽表演而觉得好笑，但是他们在笑过之后，事后想起来，一定会感觉这样做是不友好的，然后对孩子的人品有所质疑。因此，你的孩子将为他的举动付出沉重的代价。他的成长道路必定越走越窄。

父母是孩子人生道路的最早引领者，我们千万不要把孩子的种种恶劣行为简单地认为是孩子的调皮和无知，一旦他们这种毫不为他人着想，不记得别人感受的行为形成一种习惯甚至形成一种以自我为中心的人生观，那他们注定一生都将生活在抱怨、不满、贪婪的不幸生活中，甚至造成犯罪。他们对他人或许出于习惯的无意伤害，往往让人对他们敬而远之。种种弊端都必须让父母们警醒，从而重视对孩子宽容心态的培养和造就。

教育孩子的首要问题是先让孩子学会做人，你的孩子善良、友爱、真诚才能赢得社会的欢迎和接纳，而拥有宽容的心态，为他人着想，知道当自己做事时会给别人带来什么感受，并避免因自己的行为伤害别人，才能获得他人的爱与尊重。这就需要家长从生活中的点滴做起，努力培养，并以身作则。

首先，家长必须有强烈的是非观念，宽容待人，才能对孩子潜移默化。若家长自己斤斤计较，半点不肯吃亏，那孩子只会"青出于蓝"，后果更是严重。

其次，父母疼爱孩子一定要有分寸，不要整天围着孩子转，满足孩子的一切愿望，否则孩子一定会养成自私自利的不良心态。

再次，当孩子犯错或与别的孩子发生纠纷时，一定不要护短，应合理引导孩子的情绪，让孩子多从对方的角度考虑，体会别人的感觉，这也是最重要的一点。

给孩子一颗充实的心灵

在英国的曼彻斯特城，英格兰超级足球联赛第 18 轮的一场比赛在埃弗顿队与西汉姆联队之间进行。比赛只剩下最后一分钟时，场上的比分仍然是 1：1。

这时，埃弗顿队的守门员杰拉德在扑球时膝盖扭伤，巨痛使得他将四肢抱成一团在地上滚动，而足球恰好被传给了埋伏在禁区的西汉姆联队球员迪卡尼奥。

球场上原来的一片沸腾顿时肃静下来，所有的人都在等待。迪卡尼奥离球门只有12米左右，无须任何技术，只要一点点力量，就可以把球从容打进对方的球门。那样，西汉姆联队就将以2：1获胜，在积分榜上，他们因此可以增加两分。

而埃弗顿队之前已经连输两轮，这个球一进，他们就将遭受苦涩的"三连败"。

在几万现场球迷的注视下（如果算上电视机前的观众，应该是数百万人的注视下），西汉姆联队的迪卡尼奥没有用脚踢球，而是将球抱在了怀中。

掌声，全场雷动的掌声，如潮水般滚动的掌声，把赞美之情献给了放弃射门的迪卡尼奥，或者说，是献给迪卡尼奥体现出来的崇高的体育精神——和平、友谊、健康、正义！

迪卡尼奥的崇高体育精神，更体现出他面对竞争时的良好心态，以一颗宽容之心面对竞争，才能表现得如此优秀和从容。

现实社会中的竞争愈演愈烈，父母越来越重视孩子竞争意识的培养。"生于忧患，死于安乐"是放之四海皆可行的至理名言。因而父母从小给孩子灌输要赢不要输的竞争观念，甚至为了让孩子有更好的竞争起点，某些父母教育孩子更是走极端，要么怂恿孩子拼命去追求高分，要么忽视正当竞争，通过自己的社会关系和经济实力来为孩子"设计将来"。某些家长甚至会利用自己的"神通"让孩子避免高考的"炼狱之苦"，使他们轻松走进大学，并帮孩子顺利就业。这种为达到赢的目的不择手段、一步到位的教育方式必将对孩子的成长产生不利影响。

我们所处的时代是充满竞争的时代。我们不仅要竞争，而且更需要良性竞争。父母教育孩子时，应该培养孩子的良性竞争意识，教育孩子有所为、有所不为，让他们明白要成为强者，就必须靠自己去搏击云海，翱翔天宇。一些孩子受成长环境的影响，他们对自己的要求过于完美，喜欢拿自己的短处跟别人的长处作比较，一旦发现差距太大就可能心生不平，产生各种妄图求取捷径的心理，甚至为了赢而不择手段，更难以接受别人比自己强的现实，导致孩子心理扭曲。

在鼓励孩子竞争之前，父母要帮助孩子正确认识自己，找准自己的优劣势，对自己有较为客观的了解和定位。此外，父母还要帮助他们正确地认识和理解一些激励性的语言。比如，"不想当元帅的士兵不是好士兵"，并不是非要人们去当元帅不可，而是激励士兵们向当元帅这个目标努力，争取多立军功。千军万马中元帅只有一个，每一个士兵都做元帅，那是不可能的。如果孩子不能正确理解这些，在竞争中过于看重结果，一旦结果不理想，就会失去竞争的勇气。父母培养孩子的竞争意识时，尤其要注意这一点。又如，鼓励孩子竞选班长，看重的应该是竞选过程所产生的积极效果，而并非是最后的结果。如果过分看重结果，许多孩子都会知难而退，毕竟每个班级诸多同学中只有一人能成为班长，人人当班长，是不现实的。孩子在竞选中成功了，要告诫孩子继续努力，因为还有一些非常有实力，但一时失利的竞争对手在跟他竞争；孩子失利了，更要帮助孩子找出差距，继续努力，以期今后做得更好。尤其是在孩子感到很失意的时候，父母更要指导孩子正确看待竞争，调整好心态，找准定位，防止出现心理障碍，如此才能让孩子以宽容的心态面对竞争，在竞争中保持公开、公正、公平的态度。

我们主张培养孩子宽容的心态，有助于孩子参与良性竞争，增加抗挫意识，使孩子更顺利地适应未来社会的进步和发展，拥有一个成功的人生。

懂得谦让的孩子最受欢迎

从古到今，谦让一直承载着我们中华民族文化传统美德之精髓，每一个华夏儿女都有责任和义务维护和弘扬这种美德。但是，当今社会已经发展到一个竞争十分激烈的时代，谁都害怕自己的孩子输在起跑线上。于是，很多父母开始有意识地培养孩子学会如何去竞争。每次幼儿园的公开课上，孩子们玩抢凳子的游戏时，在一旁围观的父母们，往往比孩子还紧张，仿佛孩子输掉了这场游戏，就会输掉一生一样。

那么，谦让和竞争孰轻孰重，谦让是不是软弱无能的表现呢？在许多人看来，谦让就意味着失去机会，损失个人利益，谦让就是吃亏。面对各种困惑，我们也开始思考。毕竟传统的谦让是强调"让"，即无条件、无立场的"让"，有失自身价值的"让"，当让则让，不当让也让。但如今，社会在发展，我们对孩子的教育也应该与时俱进，如果一味地强调谦让，会造成孩子少一分向上的情感，少一分责任感，少一分创新，少一点儿个性，这实际上也违背了孩子的成长规律。所以，与时俱进的谦让，应该是引导孩子在与别人的合作当中学会自主，在与他人的交往中学会互助，在双方发生矛盾中学会谦让。

或许很多家长还会认为，谦让的孩子容易吃亏。但实际上，一个真正懂得谦让的孩子，并不总是委曲求全或自我牺牲，而是在竞争和谦让之间掌握平衡。

很多时候，父母应该让孩子自己去决定，因为很多情况下孩子并不想去争什么。一个玩具，别人实在不给，过不了一会儿他也就忘了或者干脆去玩别的了。而很多家长生怕孩子这一让就会产生让一生的想法，反而打破了孩子的自主选择，使孩子受制于他人和一时一地的外在处境。所以，孩子之间发生小争端的时候，最好让孩子自己去处理。如果大人要参与处理这些争端时，则一定要注意补偿做出让步的孩子。比如，东东来做客，一定要玩丹丹心爱的小火车，在大人的干预下，丹丹委屈地把火车给了小客人。此时，家长可以表扬一下丹丹，或者从爸爸的书房里拿一般不给他碰的小物件让他玩会儿。谦让不是要剥夺孩子的权利，而是要让他们懂得有时为了缓和矛盾，跟别人更好地相处，我们需要让步。而这些让步往往也是有价值且会有补偿的。

其实，对人的一生来说，内心强大才是真正的强大，才能使孩子在离开父母的庇护之后，面对生活的挫折和起伏能承担起责任，保护好自己和家庭。

那么，父母们应该怎样帮助孩子正确对待谦让呢？

（1）培养孩子的谦让意识，让孩子了解集体与个人的关系，把自己从"我"的概念中摆脱出来。应该让孩子从小懂得，大家生活在一起，他需要的别人同样也需要，同样有享受的权利，不能一人独占，要想着别人。例如，吃东西时，让孩子学会愉快地把大的、好的给爷爷奶奶、爸爸妈妈，把小的不好的留给自己，使他懂得谁最辛苦谁就应该得到更多，自己不是家庭中的"功臣"。

（2）注重言传身教。模仿是孩子的天性，家长应该在日常生活中潜移默化地对孩子施以积极的影响。比如，带孩子坐公共汽车时，家长在车上看见年迈的老人和抱小孩的妇女，便主动起身让座。这虽然是生活中的小事，但在孩子幼小心灵中进一步增强了尊老爱幼和谦让的意识。

（3）通过多种手段和途径，使孩子学会"谦让"语言和动作，促进孩子的谦让行为。孩子年龄小，受知识和生活经验的局限，语言发展不成熟，不能完整地表达谦让的意思，他们常常只知道谦让就是好，但是在什么情况下要谦让又不明白。所以，父母应先讲明为什么要谦让，对什么样的事要谦让，然后通过游戏、行动等来创造条件，促使孩子学会谦让。

在生活中，只有相互谦让友爱，才能避免纠纷，得到开心。俗话说得好："与人方便，与己方便"，谦让不但能让你得到别人的尊重和感激，而且会使你拥有很多知心朋友，当你遇到困难时，他们会伸出无私的援助之手，这是对你谦让别人的最大回报。而一个自私自利的人是永远品尝不到帮助别人的乐趣的，他也只能是孤家寡人，没有知心的朋友和他同舟共济，这样的人不是很可悲也很可怜吗？俗语有云：退一步海阔天空。所以，学会谦让，并能够忍让别人的无理举动，实在是一种难能可贵的精神。

让孩子接纳不完美的自己

在这个世界上没有十全十美的东西，也不存在神通的完人。但在认识自我、看待别人的具体问题上，许多人仍然习惯于追求完美，求全责备，对自己样样要求，对别人也往往是全面衡量。

其实那些英雄、名人并不是无可挑剔的，任何人都有优点和缺点。

美国大发明家爱迪生，有过1000多项发明，被誉为发明大王，但他在晚年却固执地反对交流输电，一味主张直流输电。

电影艺术大师卓别林创造了生动而深刻的喜剧形象，但他却极力反对有声电影。

人是可以认识自己、操纵自己的，一个宽容的人不仅能够肯定自己有能力有价值，同时也接纳自己有缺点有毛病。我们放弃了完美，就会明白我们每个人的两重性是不可改变的。所以，我们应当保持这样一种心态和感觉，我知道自己的长处、优点，也知道自己的短处、缺点；我知道自己的潜能和心愿，也知道自己的困难和局限，自己永远具有灵与肉、好与坏、真与伪、友好与孤独、坚定与灵活等两重性。培养孩子的宽容心态，必须让孩子先接纳自己，这样才能接纳别人。

自我容纳的人，能够实事求是地看自己，也能正确理解和看待别人的两重性，这样往往可以抛弃骄傲自大、清高孤僻、鲁莽草率之类导致失败的弱点。让孩子以这种自我肯定、自我容纳的观念意识付诸行动，就能从自身条件不足和不利的局限中解脱出来，去说自己想说的话，去做自己想做的事，不必藏拙，不怕露怯，即使明知在某方面不如别人，只要是自己想做的事，也会果敢行动。任何一个孩子只有经过东倒西歪、羞怯紧张、笨手笨脚那样的阶段，才能学会走路、讲话、游泳、滑冰、骑车、跳舞等一切本领和技能。

任何人都有缺点和弱点，任何人也都不是全知全能的，只不过表现在不同的事情上而已。因而，人人在自我表现和与人交际中都会有笨拙的表现。有很多孩子情愿不做事、不讲话、不玩不闹，也不愿意在别人面前暴露自己的弱点。

美国著名管理学家彼得·德鲁克在《卓有成效的管理者》一书中写道：倘若所有的人没有短处，其结果最多是一个平庸的组织。所谓"样样都是"，必然"一无是处"。才干越高的人，其缺点往往也很明显，有高峰必有深谷。

告诉孩子谁也不可能十全十美，与人类现有的博大的知识、经验、能力的汇集综合相比，任何伟大的天才都不及格。只有不断提高和完善自己，并学会自我肯定、自我接受，才能正确地认识自我价值，接受自己，悦纳他人。

虚怀若谷的宽容态度，来自孩子对于自己和他人准确的认识，也就是说，他们不用他人帮助，自己完成对自己的认识，这也代表他们能够接纳他人的回馈，并从中得到对于自己准确的认识和处理人际关系的线索。

能够经常不断地从家长、老师、同学和朋友的回馈中，找出自己的动机，这是一种自我成长的过程。只有缺乏安全感的人，才会畏惧听到像"你是个坏孩子"之类的答案。自信的人，能够感激得到真相和任何更正误解的机会。

带着宽容心态成长起来的孩子会带着一颗感恩的心去接受和热爱身边所有的人，包括那些身上有缺陷的朋友、教会他们谋生技巧和爱的艺术的父母、老师和孩子，以及让他们经受磨难、建立起坚强性格的对手们，从而更健康地成长。

第八章

没有规矩， 不成方圆

规矩定方圆，这是自然的规律，更是人生的定律。培养孩子，就是要从小给他定下规矩，等到他长大成人后，方圆便自成。如果从小没有给孩子定下规矩，孩子就等于没有家教。而没有家教的孩子，日后不管他在哪个领域获得多大的成功，他都会有一个终身的遗憾，那就是无法拥有健全的人格。

良好的家风奠定孩子一生的品格

《论语》中曾记载了这样一件事：有一次，孔子的学生陈亢碰到了孔鲤（孔子的儿子），于是就好奇地问："你是我们老师的独生子，而且老师很爱你，我想问一下，你从老师那里受到过什么与众不同的教育吗?"孔鲤听后回答说："没有呀！只是有一次他老人家一个人站在庭院中时，我恭敬地走过，他叫住了我，然后问我学《诗》了没有，我说还没有学，他便说不学《诗》，就不会说话，于是我就退回去学《诗》；又有一天，他还是一个人站在庭院中，我又恭敬地走过，他又叫住我，问我学《礼》了没有，我说还没有，他便说不学《礼》，就无法立身，于是我又退回去学起《礼》来。要说有什么特别的教育，就这两次吧。"

听完孔鲤的一番话后，陈亢很高兴地说："我问一件事得知了三件事的答案：得知《诗》，得知《礼》，还得知君子不偏爱自己的儿子。"

过去很多人家的厅堂里都挂着"诗礼传家"的匾额，就是来自《论语》所记载的这个典故。

现代社会，我们当然不能要求每一个家庭都像古代人那样以诗礼传家，但是孔子教育孩子的方法却是值得我们学习和借鉴的。一个家庭如果没有了礼，用现在的话来说就是没有了良好的家风，那么这个家庭是很难保持和谐的。

一个家庭如果不讲礼仪，没有规矩，那么孩子自然就会像野马一样，横冲直撞。现在有些学生，在日常生活中，见到长辈不知道打招呼，不懂得规矩，甚至还给老师、同学起绰号，骂人，打人，等等，这些实际都与家风不正有很大的关系。

所谓家风，是人们在家庭生活中形成的一种稳定的风格、作风和传统，包括为人处世的态度和行为准则。家风还包含着我们常说的家范，家范就是人们在家庭生活中的行为规范。它们犹如一种磁场被人们深深地感受到，促使人发自内心地服从和遵守某些被认同的准则。家风是由家庭成员的态度、行为及舆论营造的，存在于家庭日常生活中，表现在成年人处理日常生活中各种关系的态度和行为中。良好的行为习惯和正确的舆论营造良好的家风；不良的行为习惯和不正确的舆论营造不良的家风。父母亲在日常生活中习惯性的言谈举止营造了特定的家风，孩子在这种特定家风的熏陶下，耳濡目染，也会受到影响。这其中，"模仿"起着重要的作用。不管父母是否意识到自己的言谈举止会对孩子产生某种性质的影响，孩子都在模仿。而孩子早期的行为习惯，更是折射出父母亲的人格和行为习惯，是父母的一面镜子。

张悦成长在一个三世同堂的家庭中，祖孙三代人一起过着平静和睦的生活，而且从来没有和邻居发生过争吵。奶奶是个勤快人，每天早早就起床，拿着大扫帚把整个大院打扫得干干净净。张悦从小跟着奶奶，奶奶还专门给他也准备了一把小扫帚，让他跟在后面比画，还告诉他："人的双手是个宝，勤劳可以创造一切。"奶奶的这些话，对于幼小的张悦来说，虽然还听不懂，但却让他喜欢上了劳动，并从劳动中体验到了生活的快乐。

妈妈每次带张悦去公园游玩时，都会带上一个塑料袋，把吃剩的果皮、糖纸装进去再扔进垃圾桶里。这使得张悦到现在也有随手带着塑料袋的习惯，把不用的废弃物装进去放到垃圾桶里。

张悦的父亲虽然没有接受过高等教育，但他酷爱读书，买书成了他的习惯，而且还经常写读书笔记。在父亲的影响下，张悦从小也爱看书，从上小学起就坚持写日记和读书笔记。如今，正在北京大学就读的张悦，不但学习成绩十分优秀，气质优雅，而且与同学、朋友相处得十分融洽。

可以说，正是和睦、平静、温馨、严谨的家风为张悦的成长奠定了良好的基石，使得他不管在哪里，都受到人们的欢迎。

下面，我们再举一个截然相反的例子。

王虎从小就生活在十分优越的家庭里。由于父母都在外忙于生意，所以家中请了两个保姆，一个负责家中的日常生活，一个专门负责照顾王虎。这样一来，家里的一切都不用王虎动手。小的时候，王虎有时候出于好奇学着保姆的样子要擦地板和桌子，妈妈看到后就说："没出息，这些事不用你干，你天生就不是干这个的命，这是下人做的事情，你要做上等人。"而且，幼小的王虎看到母亲每天对保姆挑三拣四，从来没有满意的时候，也渐渐地以为自己天生就是上等人，并开始变得越来越懒惰了。

王虎上幼儿园时，老师让他摆一下椅子，他却说："我妈妈说了，摆椅子这种事是没出息的人才干的，我要做上等人。"弄得老师不知如何是好。

现在，王虎已经上初中了，但他仍然只习惯做"上等人"，经常对身边的人指手画脚、吆三喝四，经常要求别人为他做事，他自己却从来不肯为别人做一点事情。由于他的自私、懒惰、霸道和狭隘，所以同学们没有人愿意把他当成朋友，这使他感到十分孤独，再加上害怕吃苦，学习成绩一直很差，就更没有人喜欢他了。

在家里，邻居们也认为王虎一家粗俗、傲慢、霸道、贪小便宜，所以不愿意与他们来往。更可悲的是，王虎的父母亲至今还不知道问题的症结究竟在哪里。

这些事例告诉我们：家庭教育是一个连续的过程，每一个细节都受到家庭风气的影响；而家庭风气不是想出来的，是由每个家庭成员通过自己的操行创造出来的。如果孩子的言谈举止有失规范，即使是精心研究出来的教育方法也无济于事。只有正当的家风，才能给孩子创造一个良好的成长环境。可以说，良好的家风是孩子终身的财富。

所以，每一位家长都要把握好自己的言行，为孩子的成长营造良好的家风，因为孩子的未来就掌握在父母的手中。

不要无限制满足孩子的要求

"张博士，快帮帮我！我对我家的两个宝宝那么好，要啥就给啥，为了他们我甚至放弃了高薪的收入，在家里当起了专职的妈妈，精心照顾他们的生活。可是他们为什么对我很不尊重，越来越不把我的话放在心里呢？"

向日葵成长在线咨询中心的张博士耐心地听完这位前来咨询的王太太絮叨完她的苦恼，然后很耐心地和她交流起来。在交流中，他得知这位王太太前几年是某某企业的骨干，后来为了两个宝宝退出了很有前途的职场，一心在家相夫教子。可是现在她的教育出了问题，两个孩子已经四岁多了，却极其顽劣，见了什么好的东西都想买，买完后很快就厌倦了，要求买别的，这样每个月光为孩子支出的费用就很大。更让王太太伤心的是，孩子们根本就不关心父母，总是有无尽的要求、无尽的埋怨，一点都不像别人家的小孩那样能听从父母的话，想要什么东西得到了才罢休，否则就不吃饭、摔东西；丈夫对此也很不满意，说她教子无方，不是一个优秀的母亲。"我到底该怎么办呢？"王太太用无助的眼神看着张博士。

张博士对王太太说："您回去后给孩子们定下一个规矩，告诉他们以后什么东西可以买，什么东西不可以买，都由您自己说了算；而且孩子们的要求您只需满足他们一部分即可，不必全部满足。要让他们知道，他们从您这里只能得到部分的满足，而不是全部。不管他们怎么折腾，怎么反抗，您一定要坚持这样做，不要有一点点妥协。"王太太半信半疑地离去，一个月后，她来向张博士道谢，说她回去按张博士的方法去做，自己的两个孩子已经变乖很多。并迷惑地问张博士为何他的方法那样有效。

张博士笑了笑，说了这样一番话："爱子之心，人皆有之。老牛都有舐犊情深的举动，而作为万物之灵的人类，对自己后代的爱护绝非一般动物所能比拟。所以在抚养后代时，很多父母无不倾尽心力，对孩子百般呵护，唯恐其受了委屈，唯恐自己的付出不够多，自己的照料不够精心。这样看起来似乎是很好的、很尽职的，但是在实际生活中却存在很多的弊端。因为年幼的孩子根本就不能体会父母的苦心，他所受的教育从父母的言行举止而来，父母这样对待他们，他们就会认为自己需要什么，父母就应该全部满足他们。如果哪一天父母没有满足他们的那些要求和欲望，他自然就会认为父母没有尽职，或者认为父母不再像以前那样爱自己了。这个时候，他们往往表现得极为愤怒，并会想尽一切办法让父母妥协。"

看着仍然迷惑不解的王太太，张博士停顿了一下，接着说："当然，你这次按照我的建议，和你的两个孩子一直坚持'斗争'，终于把他们给'击败'了。他们从中明白了自己的要求是不可能全部得到满足的，而只能从父母那里得到他们所需要的一部分，他们必须得接受这一点；同时你也发现自己不是无所不能的母亲，因为很多事你根本不可能为孩子代劳，明白这些道理，并做到这些并不容易，但你却做到了。恭喜你，你成功了！"

听了张博士这么一说，王太太终于明白了，自己对孩子无节制的满足不仅害了孩子，也害苦了自己，同时也影响了夫妻感情。原来这一切的"罪魁祸首"就是自己泛滥的母爱啊！

事实上是，像王太太这样的案例在向日葵成长在线咨询中心只是一个极其平常的案例。张博士对前来采访的记者们说，随着物质生活的日益提高，越来越多的家庭都把培养孩子当成一件天大的事情来办，这当然没有错，但正可谓过犹不及，如果对孩子的照顾过于无微不至，对孩子的要求百依百顺，这种对孩子过度的爱，则会让孩子误认为自己就是整个世界的中心，自己想要的一切都能够从父母或者别人那里全部得到满足。这种教育孩子的方法如果一直延续下去，对孩子的成长是十分有害的，甚至是危险的。有的父母可能会认为随着孩子慢慢长大，等他懂事了，自然就会明白了。事实上，随着孩子慢慢长大，他的胃口也越来越大，家长越来越无法满足孩子的要求，越来越感到力不从心。到那时再想到亡羊补牢，则为时晚矣！

年轻的父母们，如果你们现在还是围着孩子团团转，全家人都在想方设法满足孩子各种各样的要求，那就不妨设想一下吧：如果有一天，你无力再满足孩子的要求，而孩子的要求却越来越多时，你该怎么办呢？其实，很多事情，决定结果的，往往在于开始。教育孩子，同样是如此！

袒护孩子的过错会害他一辈子

周末，晓月的爸爸和小玲的妈妈各自带着自己的女儿在小区里玩耍。正玩得兴高采烈的时候，晓月突然猛地推了一下自己的玩伴小玲，小玲一个跟跄坐在了地上，大声哭起来："妈妈，她打我！"小玲的妈妈什么也没有说就把小玲扶起来。心想，小孩子在一起玩，推推撞撞是常有的事，也没什么大不了的。她这样安慰自己，同时也在心里想，对方的家长总该管管自己的孩子吧。果然，晓月的爸爸开口了："你家孩子这么老实，要是上了幼稚园，肯定要受别的小朋友欺负啦。"小玲妈妈没想到晓月的爸爸竟然说自己的孩子太老实，一股怒气和怨气"腾的"升起，她什么话也没有说，拉起小玲的胳膊就走了。以后再也不让小玲和晓月一起玩了，她和晓月的爸爸也像是结了仇似的，见面彼此都不打招呼就漠然地走过去。

从以上的事例中，我们不难发现，晓月的爸爸是在有意袒护自己的孩子。他亲眼看到自己的孩子对小伙伴进行攻击，不仅不加以阻止和教育，却反过来说别人的孩子太老实，这样不仅得罪了人，自己的孩子也没有得到及时的教育。晓月的错误反而被坚持下去了，她会在心里认为自己打人是正确的，她能从父亲的话语里听出支持和赞赏，并且会在以后和伙伴们相处时把自己的这种攻击行为坚持到底。毫无疑问，这样长久下去，不是给父母招惹是非，就是在霸道中孤立了自己，有几个小朋友能和她长久和睦地相处下去呢？

事实上，袒护孩子的过错，是教育孩子过程中的一大忌讳，任何有眼光，有一定理智和正确判断力的父母都不会这样做。但很多父母为了摆脱自己教育子女的失职，为了推卸因为自己孩子的过失而带来的一些责任和后果，往往明知是自己孩子的过错，却还是当着"受害人"的面极力为自己孩子辩解，极力帮助孩子掩盖，甚至指责别人的不是。结果让孩子在错误的道路上越走越远，酿造了一幕幕悲剧。

有一个母亲非常疼爱她的儿子。有一些日子，她发现儿子在夜里总会偷偷地出去，她觉得很奇怪，问他到底干什么去，他又不承认，说妈妈可能是做梦了，自己从来就没有出去过。有一天夜里，这个孩子再次出去并回来的时候，被妈妈撞见了，手里还拿着一些不是自己家里的物品。孩子很不好意思地进屋了，可是妈妈却什么话也没有说。第二天，附近的邻居们纷纷说自己家里有东西丢失，互相提醒对方要注意小偷。有的邻居还好心地提醒这个妈妈："有人看见那个小偷年纪很小，就和你家孩子差不多大的个头。"她立即很警觉地说："我家孩子每天晚上都在家里睡觉，连门都没有出去过。"就这样，她不仅没有及时管教自己的孩子，还替自己的孩子打掩护。几年后，她的儿子有一次在偷东西时被抓住了，愤怒的人们依法要把他给绞死。临刑前，这个母亲悲哀地哭泣着。他的儿子说有一件事要和妈妈说，她便走了过去，靠近了儿子。谁知人们突然听见了一声惨叫，原来儿子咬掉了母亲那只靠近自己的耳朵。"我恨你！为什么我第一次出去偷东西的时候你不制止我！现在我连命都没有了！"儿子对着妈妈歇斯底里地喊着。

相信很多人都听过这个故事，可是很多人除了纷纷指责那个儿子如何如何的不孝之外，又有几个人能够从中听出其中的寓意呢？当自己的孩子犯错误时，很多父母为了维护自己的尊严，选择为孩子掩饰，结果既害了孩子，也害了自己。

在这一点上，有一个伟大的母亲做得非常棒，这就是列宁小时候的故事。

列宁小时候，有一次和妈妈一起去姑妈家做客。他和表姐妹、表兄弟们玩得很开心，一会儿爬到床上，一会儿又钻到桌子底下，玩得不亦乐乎。突然，"咣当"一声响，列宁不小心将桌上的一个花瓶打掉到地上，摔碎了。姑妈听到声音走了进来，看着满屋子的孩子们问："是谁把花瓶打碎了？"孩子们都说花瓶不是自己打碎的，列宁也红着脸，小声说："不是我打碎的。"孩子们都不承认是自己打碎了花瓶，姑妈只好说："难道是花瓶自己打碎的？"孩子们在哄然大笑之后又开始玩上了。

可是列宁却再也没有心情玩了，他的心里始终忐忑不安，回到家里后也是闷闷不乐。已经知道真相的妈妈并没有说破列宁的心思，只是鼓励他要做个诚实的好孩子。在妈妈的鼓励下，小列宁终于承认是自己打碎姑妈家的花瓶。于是在妈妈的鼓励下，列宁给姑妈写了一封认错的信，信中列宁承认是自己打碎了花瓶，并请姑妈原谅自己的过错。没过几天，列宁就收到姑妈的回信，姑妈不但没有怪罪列宁，而且称赞列宁是个诚实的孩子。

从这个故事中，我们不难发现，列宁的妈妈抓住了教育孩子的时机，给列宁上了一堂诚实课。如果说列宁以后能成为一名伟大的人物，和他自身的禀赋和奋斗有关系的话，那么我们也可以肯定，列宁的人格魅力是他小时候从母亲那里开始得到培养并开始完善起来的。

或许您的孩子不一定要成为一代伟人，甚至不一定十分优秀，但您一定希望他是一个受人欢迎的孩子！那么，年轻的父母们，行动起来吧，帮助孩子改正那些影响他成长的缺点，那将是您莫大的功劳。

只养不教会害了自己

"你看这孩子，又把别的孩子欺负了。"已经是 N 次了，小波的家长又被秦老师请进了熟悉的办公室。上一次，小波是欺负低年级的同学，要一个男生把他新买的帽子让他戴上几天，否则就要让他尝点"苦头"；这一次，小波把坐在自己前面的女同学的长头发悄悄剪下了一小缕，害得女同学哭了半天，连学生家长也很是不满，专门到学校来索要说法。

"我们家的小波，就是淘气些，爱争强好胜。"孩子的母亲一边给秦老师赔着不是，一边自我检讨："主要是我们家长没有管教好。"对于这样一个劲儿认错的家长老师还能说什么呢？在让孩子做了检讨之后，秦老师就让家长走了。但是没过两个星期，这个小波又惹出很多事情来。秦老师实在不明白，孩子到底怎么了？怎么多次教育都没有效果呢？情急之下的秦老师决定对小波进行家访，看看小波的生活环境。

进了小波家所在的小区，秦老师正在打听小波家的具体位置，一个阿姨知道她是小波的老师，就悄悄诉苦说："这个孩子，从小就喜欢欺负人。但是他的父母还以为这是好事，是善于竞争，孩子不会吃亏。我们小区的多少孩子受过他的欺负啊！我孙子见了他就躲着走。"秦老师这才明白，小波爱欺负别人，还有这么悠久的"历史"背景。

到了小波家里后，小波的妈妈和奶奶热情地接待了秦老师。秦老师并没有直接说小波近期在校的一些不好的表现，只是重在和家长进行沟通。在谈到孩子爱打架的事情上，小波奶奶说的一番话引起了秦老师的注意。小波奶奶说："现在的社会竞争多激烈啊，要是太软弱太老实，就容易受欺负。你看我们隔壁的孩子，就是因为太老实了，在上学的时候总是受同学欺负；现在结婚了，还要看媳妇的脸色。所以，人不能太老实太软弱，否则，容易受别人欺负，什么事情都竞争不过人家……"秦老师听了老人的话心里很不是滋味：有这么一位善于"竞争"的老人，孩子能不爱欺负人吗？她这时才明白，为什么小波屡教不改了，因为有着家里人这种错误观念的支持啊。

像小波奶奶那样，把欺负人当成是善于竞争的事例在生活中还真不少，而在这种错误的观念下成长的孩子，虽然会在一时好像占点小便宜，得到一种虚荣的满足，但日后却往往为自己的行为付出惨重的代价。

网络上曾经流传过这样一个案件：

小张从小父母离婚，跟着父亲生活。由于缺少家人管教和监督，小张养成了很多恶习，包括爱欺负人，爱拉帮结伙，爱打群架。对此，他的父亲不仅不加以管教，还得意扬扬地认为自己的儿子有本事，善于竞争。小张上中学后，父亲开了一家饭店，每次遇到有顾客吃饭赖账或者说饭菜不好不满意时，小张就会带着几个伙伴把顾客给狠狠地揍一顿。曾经有一次，一个顾客说菜里有一只苍蝇，要求小张的父亲减免菜钱。小张正好暑假无课，在饭店里帮忙。他一听顾客提出减免菜钱的要求，便拿着刀要给这个顾客点颜色看，吓得顾客赶紧埋单走人。因此，前来饭店吃饭的人越来越少了，当然来吃饭的人也没有敢挑刺的了。小张的父亲却觉得自己的儿子很有能耐，自己很有面子。所以当有人善意地劝他要好好管教孩子的时候，他很不高兴地说："我儿子能欺负人是他有本事，总比那没有本事的被别人欺负好。他这是竞争力强啊！"就这样，一直到小张在一次打人事件中把别人打成伤残，被警察机关逮捕判刑的时候，小张的父亲都没有认真地管教过自己的孩子。

这就是"善于竞争"酿成的悲剧。那么欺负别人究竟是不是善于竞争呢？竞争的通常含义是指人们为了自己的利益而跟人争胜，而欺负是欺凌、压迫他人的意思。很显然，像小波奶奶眼里的"竞争"根本就不是竞争，因为欺负和竞争本来就是两个不同的概念，不能混为一谈。而且对于孩子之间的竞争，我们也应该提倡和鼓励正当的竞争、友好的竞争、善意的竞争，对于不利于彼此之间的借竞争为掩盖的欺负是要坚决制止和反对的。

当然，要管教好孩子，父母一定要以身作则。

我国著名教育家张伯苓，1919年之后相继创办南开大学、南开女中、南开小学。他十分注意对学生进行文明礼貌教育，并且身体力行，为人师表。

一次，他发现有个学生手指被烟熏黄了，便严肃地劝告那个学生："烟对身体有害，要戒掉它。"没想到那个学生有点不服气，俏皮地说："那您吸烟就对身体没有害处吗？"张伯苓对于学生的责难，歉意地笑了笑，立即唤工友将自己所有的吕宋烟全部取来，当众销毁，还折断了自己用了多年的心爱的烟袋杆，诚恳地说："从此以后，我与诸同学共同戒烟。"果然，打那以后，他再也不吸烟了。

在美国的加利福尼亚，有一位女士养了一只珍贵的鹦鹉。这只鹦鹉非常美丽，可是它却有一个坏毛病：经常咳嗽且声音沙哑难听，好像喉咙里塞满了令人作呕的痰。女主人十分焦虑，急忙带它去看兽医，生怕它患上了什么呼吸系统的怪病。

检查结果证明，鹦鹉完全健康，根本没有任何毛病。女主人急忙问起为什么鹦鹉会发出那难听的咳嗽声，医生回答说：

"俗话说，鹦鹉学舌。它之所以发出咳嗽声一定是因为它经常听到这样的声音，你们家一定有人经常咳嗽，是吗？"

这时，女主人有些不好意思了。原来，她自己有抽烟的习惯，所以经常咳嗽，鹦鹉只不过是惟妙惟肖地把女主人的咳嗽声模仿出来而已。

看完这两则故事，家长们会有什么想法呢？或许我们平时已经习惯了批评孩子，或者埋怨孩子不听话，却往往忽略了孩子其实只是我们的"影子"。要知道，只有"身子"正了，才不怕"影子"歪呀！

正视缺点，　才能克服缺点

游乐园的滑梯上，小朋友们玩得正开心，一会儿爬上去，一会儿滑下来，笑声和尖叫声混合在一起，热闹非凡。家长们在滑梯下，一边为孩子的安全担心，一边也和孩子一起兴奋地叫起来。

在热闹的孩子们中，滑梯顶上却有一个小男孩在小心翼翼地来来回回慢慢地走着。他已经爬上了滑梯，可是却迟迟不敢往下滑，他只是抓住滑梯的栏杆，在滑梯上平坦的地方不断地徘徊着、犹豫着。"下去呀！滑下去呀！勇敢些！"小男孩的爸爸在滑梯下面给小家伙鼓劲、壮胆，可是小男孩就是不敢滑下去。爸爸无奈，只好长叹一口气说："哎，真胆小！"然而，孩子的妈妈却不这么认为，她美滋滋地说："咱们的孩子不是胆小，是谨慎！你看他置身于这么多的小朋友中间，周围那么热闹，他却能镇定自若地走来走去，若有所思的样子，多像一位指挥若定的大将军啊……""我看他不当逃兵就不错了！"孩子的爸爸打断了妻子的遐思，不满地说道。周围的人听到这夫妻俩的对话也纷纷笑了起来。

这就是母亲，在大家都明白小男孩是个胆小的孩子，需要鼓励的时候，她却偏偏把孩子说成是镇定自若，这种为孩子掩饰缺点的教育方法，实在无异于掩耳盗铃。

我们知道，世上没有十全十美的人，每个人都存在这样或那样的缺点。或者胆小如鼠，或者狂妄自大，或者好吃懒做，或者爱占小便宜，或者爱欺负人……因此，要想把自己的孩子培养成为十全十美的人，那是不可能的，但我们却可以找出那些制约孩子成长和发育的缺点，并帮助孩子改正那些缺点，不断地完善自我。

然而，很多父母却被舐犊之情蒙蔽了双眼，往往不能正确地对待孩子的缺点，甚至有意无意地为孩子掩饰缺点，这实际上是害了孩子，阻碍了孩子的进步和发展。就如上面那个小故事中那个胆小男孩的妈妈一样，不是想办法帮助孩子改正缺点，反而帮他强化缺点、巩固缺点，甚至阻碍别人帮助自己的孩子改正缺点。这对孩子来说，危害是很大的。

在美国的黑人区，有这么一个真实的小故事：有一个叫哈里的小男孩，他的父母都是黑人，他当然也是个黑人。哈里的邻居们也都是黑人。很多美国白人都瞧不起黑人，甚至一些白人小孩也专门欺负他们。哈里长得又小又瘦，他最害怕那些盛气凌人的白人孩子了。可是随着他的长大，他就要离开父母，单独去做一些事情了，这对他来说是一件很可怕的事情。有一天，他的母亲给了他一些钱，让他到杂货店去买一些物品回来。哈里胆战心惊地出去了，他溜着墙根走，心里祈祷着千万别碰到那些白人小孩。然而，很不幸，他还是碰到了他们。他们带着坏笑向哈里走过来，哈里吓得扔下篮子就跑回家去了。哈里的妈妈什么也没有说，又给了他一些钱和一个篮子，又把他打发出去了。很快哈里又回来了，与前一次不同的是，这次哈里除了手里的钱和篮子又不见了，还带着满脸的伤痕，哈里的妈妈还是什么都没有说，又给了他一些钱和篮子，又把他打发出去了，只是这次临出门的时候，妈妈又给了他一根大棒子。

那群刚刚欺负哈里的白人小孩还在老地方待着，他们第三次看到哈里的时候，又开始围了过来。但哈里这一次再也没有后退或逃跑，他抢开自己手里的大棒子，对着迎头而来的白人孩子疯狂地乱打起来。虽然哈里是那么的弱小，而且人单势孤，可是不一会儿，那些高傲的白人孩子就被狂怒的哈里打得抱头鼠窜了。这一次，哈里不仅买回了妈妈要的物品，也买回了胆量。从那以后，他就开始挺胸走在美国的任何一条路上了。

毫无疑问，小哈里正是受到妈妈的启发，才从胆小向勇敢迈出关键的一步。那么作为 21 世纪的父母，我们究竟怎样做，才能像哈里的妈妈一样及时发现孩子的缺点，并且帮助孩子改正缺点呢？

首先，要在思想上承认人无完人，自己的孩子绝对不是没有缺点的孩子。只有从思想上真正认识到这一点，才不会只用放大镜来看孩子的优点，更不会用变形的镜子把孩子的缺点看成优点，从而正视孩子的缺点，并运用生活中的一些细节帮助孩子改掉缺点。

其次，是看自己的孩子和周围同龄孩子的差距。这是最直观、最省事、最有效地发现孩子的缺点的方法。当别的孩子踊跃地做某一件事情的时候，您的孩子却有意无意地落在后面；当别的孩子与小伙伴打成一片，您的孩子却孤家寡人地独来独往；当别的孩子慷慨地把皮球与别人分享的时候，您的孩子却把学校或幼稚园的玩具偷偷带回家；当别的孩子成群结队地出去郊游，您的孩子却一个人沉浸在电脑游戏之中……那么您该注意到了，你的孩子是否有性格上的消极、孤僻、自私或上网成瘾等缺点呢？您发现了，那就行动吧！为时还不算晚哟！

对孩子的呵护要有个度

现在的孩子，大多数是在蜜罐里泡大的，不知道什么叫作生活的酸甜苦辣，因此当他们面对生活中的一点点不如意、不顺心，或者是一些小挫折时，就会怨天尤人，甚至大哭大闹。更有甚者，有的孩子小小年纪，竟然患有抑郁症。归根结底，都是温柔惹的祸！

温柔能惹祸？对孩子温柔不好吗？很多年轻的父母也许会有这样的疑惑。其实，作为父母，给予孩子必要的关心、照顾和体贴是应该的，而且是必需的。然而，很多父母对孩子的温柔可谓是"三千宠爱在一身"，为了孩子可以疏远所有的亲戚和朋友，甚至为了孩子连夫妻之间的感情也变得越来越淡。这实际上已经远远超过了孩子需要的那部分温柔。这样一来，却只会使孩子像一株温室里的花朵，经受不住任何风吹雨打。这种对孩子过度溺爱的行为，实际上无异于亲手为孩子挖掘一个温柔的陷阱，表面是为了孩子好，事实上是害了孩子。

台北某小区的一个家庭有一对双胞胎姐弟，今年已经三岁多了。其中，弟弟刚生下来时只有四斤重，母亲潘太太对弟弟充满爱怜。为此潘太太让保姆带姐姐，自己亲自带这个可怜的瘦弱弟弟。潘太太整天抱着弟弟，即使是上卫生间也抱着孩子，对弟弟从不释手。不仅如此，潘太太对弟弟更是百依百顺，要啥给啥，连平时说话都是慢声细语，生怕吓住孩子似的。对孩子的要求，她的口头禅更是"好好好、是是是"。在潘太太的精心抚育下，两个孩子长得的确不错，身体结实强壮。可是弟弟却既任性又蛮横，脾气也十分暴躁，总是欺负姐姐。遇到好吃的东西，有时为了不让姐姐沾边，甚至对姐姐大打出手，很多次都抓破了姐姐的脸。上了幼稚园后，弟弟更是整天欺负小朋友，不是抓破小朋友的脸，就是抢走小朋友的东西，有一次甚至把一碗饭故意倒在小朋友的头上……面对来自其他父母的声讨和老师的指责，心力交瘁的潘太太在朋友的指点下，带着孩子来到医院检查，结果发现孩子的身体很健康，根本就没有什么大脑或者神经方面的异常。

潘太太只好又带孩子到心理诊所，心理医师在和潘太太进行一番交流后，对潘太太说："是你对孩子过度温柔和呵护，才让孩子变成这样呀。""怎么可能？我所做的一切都是为他好呀！"潘太太满脸的迷惑不解。心理医师进一步解释说："的确，你的出发点是好的，而且孩子也一直沉浸在这种被妈妈呵护的幸福中，但这种过度的呵护，让孩子误认为所有的人都必须呵护他，对他十分温柔，一旦有什么不如意的地方，他的情绪就容易失控，这是必然的。"

对孩子过度温柔不仅影响孩子良好性格的形成，更为可怕的是，对孩子过度温柔，还会使孩子患上抑郁症。据科学研究证明，忧郁的性格与缺乏父母的爱有密切关系，但极度宠爱孩子也会产生和严重缺少父母之爱相似的结果。

中国台湾某医科大学儿童医院心理科的几位教授发现，该院近两年就诊的2706名心理行为障碍的患儿中，学习困难、精神发育迟缓以及脆弱性儿童综合征就占就诊患儿的前三位，这些孩子的家长在孩子很小的时候对孩子的身体健康过分关注，对孩子过度温柔，百般呵护，给孩子后来出现心理问题埋下了祸根。因此医生建议，父母要尽可能调节好自己的心态，克制自己泛滥的舐犊之情，该放手处就放手，这样才能让孩子自由自在地成长。

对孩子过度温柔，还会造成孩子对亲人感恩心理的缺失。在父母那里轻而易举地得到温柔的呵护的孩子，很容易会视父母对自己的付出如同义务，认为自己生来就是享受父母的爱和呵护的，而自己则没有报答父母的责任和义务。因此，只要父母做得稍微不合自己的意愿，他们就会感到很委屈，甚至很气愤。甚至当自己的要求或欲望没有得到满足时，就会翻脸不认人，对父母动辄呵斥，甚至辱骂。

不久前，曾经有这样一则新闻报道：有一个孩子仅仅因为自己过生日时向妈妈要钱买项链没有得逞，就当众大骂自己的妈妈下贱。其实，孩子这种感恩心理的缺失，罪魁祸首往往就是父母自己。因为平时对孩子过分温柔和照顾，使得孩子陷入温柔的陷阱，不知道感激父母的辛劳和付出，当自己的要求得不到满足时，就开始"教训"和"埋怨"父母，却不知道自己错在哪里，更不懂得反思、反省。

高尔基说过："生孩子是母鸡都能做的事情，而教育孩子是人类特有的本领。"的确，为人父母者，在为儿女无私奉献爱心的同时，更应该学会教育孩子的本领，才能让孩子茁壮成长。

不要过分关注孩子的感受

"月月，该喝牛奶了，一定要吃点面包，这样钙吸收得好！""月月多穿些衣服，今天温度有些低。""下午放学别站到门口，太冷。我到教室去接你。"……这是月月起床后爸爸妈妈必定叮嘱的话。

"月月，这是你最爱吃的大闸蟹，这是你爱吃的红烧肉……多吃些。"这是饭桌旁的月月。

"月月呢，月月快来看，奶奶给你买什么了？……"这是奶奶刚进门就找的月月。

"月月，这是给你买的玩具；月月，这是给你买的裙子；月月，这是给你买的……"这是爸爸刚从外地出差回来就找的月月。

……

这就是月月，这就是被全家人捧在手掌心的月月。爸爸妈妈时刻关注她的一切，穿衣、吃饭、睡觉，可谓是面面俱到，毫无遗漏。爷爷、奶奶、叔叔、阿姨等亲人，也是一进门就找月月。有时候大家还坐成一个圈，让月月唱歌跳舞表演节目，他们一个劲儿地夸月月歌唱得好，舞跳得美，掌声不断，奖励也不断。所有的这一切，让月月忘乎所以，觉得自己就是骄傲的"小公主"。

其实，月月只是我们无数个孩子中很普通的一个小姑娘，但却在父母及亲戚的呵护下，过着众星捧月般的高高在上的生活。

这让我们想起几十年前家长对待孩子时经常犯的错误，不是当众批评就是动辄呵斥，于是有人呼吁要保护孩子的自尊心；学校作业太重，于是有人呼吁教育改革，喊出了"请注意孩子的感受"的口号。而最近几年来，面对着孩子们各种优越的待遇，"不要过分注意孩子的感受"又成为当代教育家新的口号了。

为什么时至今日，对待孩子的教育会有如此大的变化呢？那是因为我们的情况变了，孩子开始变成家庭生活的重心。因此，家长过分注意孩子的感受已经成为目前大多数家庭的状况了。在这种条件下，孩子的教育却出现了许多不如意的地方。例如，一切以自我为中心，过分要求父母，责任感缺失，蛮横无理，等等。孩子所养成的这些毛病，与父母对孩子的过分关注有很大的关系。

另外，由于父母对孩子过分关注，过分注意他们的感受，也会束缚了孩子的精神世界，使孩子失去了发展合群性的机会。

下面，我们再来看一个例子：

小利是一个可爱的孩子，当他六七个月大的时候，父母就过分注意他，拿好玩的东西给他，经常地抱着他，不停地抚摸他，一切都以小利的喜乐为指挥棒。当小利渐渐长大了，他们也对孩子更为重视了，小利说想吃什么，哪怕是深夜了，父母也会跑老远的路给他买回来。然而，小利长到四岁时，却仍然不愿意和熟人打招呼，也不愿意和小伙伴在一起玩耍，整天依偎在父母的怀中。

好不容易小利六岁了，开始上小学了，但小利还是不愿意和同学交往，而是一个人独来独往。开始的时候，小利的父母以为这样也没有什么不好的。但没过多久，父母却发现小利不但不能很好地和同学相处，还经常和同学们争吵，甚至对同学大打出手，最后被同学们孤立了。老师也不断地向小利的父母反映："这孩子太自我了，好像所有的人生来都得为他服务，老师的话他也根本听不进去。"

小利的父母开始头疼了，他们不知道自己的孩子到底在哪方面出了问题。他们很不解，自己这样关心孩子的成长，怎么会出现这样的问题呢？

事实上，正是小利父母对他的过分关注，把他当成"小皇帝"一样捧着，使得小利养成骄傲自大的性格，他觉得自己很了不起，没有必要和别人交往。他甚至对父母说："他们不来找我玩，难道我去找他们玩？他们不对我热情，难道我对他们热情？"这时，小利的父母才知道，自己的孩子一直认为自己比别人"高一等"，所以从不主动和同学交往，发生了冲突也不知道妥协和谦让，总是那么咄咄逼人，对老师更是没有什么礼貌可言。所以，同学们都不喜欢小利，甚至都躲着他。这时，小利的父母才开始明白，正是自己对孩子的过于重视和关注，才使得孩子很少接触他人，缺少与别人交往的能力，成为"井底之蛙"了。

从小利的例子中，我们不难发现，由于父母过分注意孩子的感受，事事替孩子包办，结果培养出像小利一样高高在上、目空一切的"小皇帝"。

所以，作为父母，尽管我们十分疼爱自己的孩子，但在表达这份爱时，仍然需要掌握一个"度"。让孩子适当地吃一些苦头，这对培养孩子的适应能力是十分重要的。

让孩子走出"小祖宗"的荣耀

"哎呀！小祖宗，你这是怎么了！"

"奶奶，我要那个玩具，呜呜，我不要这个……"中心商场里面，又一个小男孩在玩具柜台前闹起来了。

"不是刚给你买了这几个玩具吗？"奶奶不解地问。

"我不要这个了！我要那个！"孩子呜咽着说。

"好了，好了，别哭了！就把那个也买了吧。"奶奶无可奈何地说。

不一会儿，孩子抱着新玩具高高兴兴蹦跳着出了商场的门，而他的奶奶则吃力地提着刚买下来就被孩子淘汰掉的玩具跟在孩子后面。

这个日常生活中很常见的例子，其实就是经常在你我身边发生的故事。故事中的人物也许就在我们身边，就在我们家里，就是我们邻居家或者我们自己的孩子。我们小心翼翼地捧着孩子，怕他受委屈，怕他哭坏了眼睛，怕他不高兴……可是我们这样把孩子当成小祖宗一样捧着供着，对孩子的成长能够带来什么好处吗？

我们不妨先来看一个真实的故事：

法国有一对老夫妻，因为以前生的几个孩子都夭折了，直到他们50多岁时才生了一个孩子。老年得子，使得这对老夫妻对这个孩子百般呵护，宠爱有加。孩子四五岁时，吃饭、穿衣、睡觉等一切生活行为父母都要亲力亲为，不让孩子单独做任何事情，害怕孩子会累着，会摔着。就这样，一晃20多年过去了，然而，此时已经是大小伙子的那个孩子，仍然连最基本的生活都不能自理，甚至连大便还需要70多岁的父母帮助。

这是一个可悲的真实的故事，而悲剧的始作俑者，恰恰就是这对过于溺爱孩子的父母，正是他们从来都不让孩子动手，才导致孩子的能力和技能都得不到锻炼和施展，把本来很健康的孩子培养成为一个弱智的人。

这个故事听起来虽然有些夸张，但却是一个真实的故事。而下面的例子，相信很多家长朋友一定不会陌生。

"我家的孩子太不懂事了！"单位的一位同事一上班就跟大家诉苦。仔细打听之下，才知道事情的原委。原来他的孩子上小学的时候是爷爷奶奶两个人专门接送。爷爷牵着孩子的手在前面走，奶奶背着书包在后面跟着，而且由奶奶亲自给孩子喂饭。上中学的时候，学校离家比较远，那位同事怕孩子上学累，就在学校旁边租了一套房子，让爷爷奶奶过去照顾孩子的生活起居。然而，孩子对父母的这些做法仍然不满意，不但学习懒散，还整天嚷着要买移动电话，并威胁说如果父母不给他买的话，他就去偷同学的钱买。这位同事无奈，只要赶紧给他买了一部移动电话。可是没有半年，孩子又说自己的移动电话过时了，要买那电视上正在宣传的新产品。同事就又咬牙给他买了一部新款的移动电话，并让孩子把旧的移动电话给自己使用，但儿子却说旧的移动电话已经送给自己的好朋友了。同事那个气啊，自己花一万多元买的东西，儿子说送人就送人了。给儿子换个新款的移动电话后，同事以为自己能过一段安稳日子了，谁知道儿子又开始整天念叨着买笔记本电脑。同事很恼火，对儿子大吼道："你学习不争气，玩倒是很在行！"谁知道孩子的火气更大，竟然离家出走，连学也不上了。那位同事只好全家人出动到处找孩子，最后在孩子同学的指点下才在一家网吧那里找到孩子。"我都快被他折磨疯了！"同事皱着眉痛心地说道。

很明显，我这位同事的孩子是被他的全家人给宠坏的。从他儿子上小学就让爷爷奶奶专门"护送"来看，他的一家就开始对孩子溺爱了；上中学后专门给租房子，又使这种溺爱进一步发展。经过这两个阶段的溺爱，孩子已经完全控制住了父母，所以才对父母的要求越来越多，胃口也越来越大。最后父母无法满足他的要求时，干脆离家出走，连学也不上了。

有人说父母年纪大了，要把他们当成孩子一样来养，这当然没有问题；但如果把孩子当成小祖宗来养，那问题就大了。

其实，教育孩子的方法有很多，但是要有一个原则，那就是要让孩子参与到我们的生活中来，要让他们在生活中培养各方面的能力，体验生活的艰辛和不容易，磨砺他们的品质，让他们懂得感恩父母和长辈。

有这么一个母亲，她每次给孩子买好吃的东西时，总是会说："这东西这么好吃，我一定要给你姥姥买些。妈妈小时候，姥姥很辛苦。"有时候对孩子说："爸爸很辛苦，这些好吃的东西一定给爸爸也尝一尝。"久而久之，孩子渐渐地学会了为别人着想，并懂得感恩父母的爱。这的确是一位很聪明的妈妈，因为她懂得运用日常生活的每一个细节对孩子进行教育。

因此，千万不要把孩子当成"小祖宗"一样供着，因为这样不但帮不了他，而且还害了他，甚至害了一家人。

坚决让孩子杜绝考试作弊

"考场风光，千里纸飞，万里眼飘。望考场之内，唯有忙忙；伸头探脑，哑语手势……等来日，看榜上成绩，喜上眉梢。叹一卷考试，伤透脑筋。死记硬背，愁杀少年。我等天才，时事英雄，攻克考试有绝招。俱往矣，数顶级高手，舍我其谁？……"这首词所描写的主题是什么，相信大家一看就知。多少年来，考试作弊是一个屡禁不止的事情，对考试作弊的争议也是从未停息过。有些人认为考试作弊是可耻的、卑劣的，必须要禁止，也有人却认为考试作弊是聪明的表现，是能力的象征，是有本事的。

那么，考试作弊到底是不是聪明的表现呢？我们不妨先看看几个有趣的实例再说。

前锋中学有一个叫作章化的孩子，人很聪明，是个眼珠一转就有一个主意的孩子。他的成绩也不错，是中上的水平。但是这个孩子有个习惯，就是喜欢考试作弊。他的真实水平能达到班级前十五名，可是他总是想通过作弊把名次提到前几名。他对考试作弊方法很有研究，偷偷夹带字条胶带，伸长脖子看邻桌的，把考试内容偷偷写在衣服里面……因而从小学到高中，他的作弊之路也一直一帆风顺，成绩一直名列前茅。虽然同学都知道他的老底，也有人向老师揭发他，但是家长和老师都信任他，认为他是个优秀的孩子。而章化本人也认为自己很聪明，是个小天才。直到高考时，他在企图作弊时被监考老师当场发觉，给了他一次口头警告。但是他不把这次警告当回事，在接下来的考试中大胆作弊，结果被当场抓获。最后他被取消了高考资格，并被限令两年以内不准参加考试。当时，不能继续考试、上不了大学都还不是章化最担心的事情，他最担心的是这件事被父母和老师知道后没法交代，毕竟自己这么多年的"英名"要毁于一旦了。于是，章华决定自杀。在他写给父母的遗书中写道："我知道你们爱我，但我东窗事发，对你们没法交代。不能抄，毋宁死。"多亏抢救及时，才挽回了他的生命。

这个案例中的章化，无疑是一个聪明的孩子，但是我们可以看到聪明的章化并没有将聪明劲儿都放在学习上，而是放在了考试作弊上。正是这些作弊，使得他多年的努力功亏一篑，还差点送掉性命。而这样的作为，到底是聪明还是愚蠢呢？

如果说以前的一些传统的作弊手段还比较简单，现在，随着科技的发展，一些高科技产品也被一些不良的人开发出来应用于考试作弊。这些产品一般要具有体积小、便于携带隐藏的特点，考试时考生只要把它放在耳朵中就可以接收答案信号。可是这种产品也会给使用者带来很大的身体伤害。

不久前，一家医院耳鼻喉科接待了一位特殊的病人。这是一名17岁的大一女生，耳朵里有一个隐形耳机取不出来。原来。为了应付一场重要的考试，该女生特意网购了这个隐形耳机进行作弊。没有想到的是，考完试后耳机竟然取不出来，于是她赶紧前来医院就诊。可是检查的结果让她很吃惊，因为她的耳道已经感染了，而且耳道狭窄，耳机根本没法直接取出来，必须住院手术才能把耳朵里的耳机给取出来。此时，她又急又悔，后悔不该为了作弊而干出这样的蠢事。据她所说，她有的同学也遇到了类似的情况，不过他们自己取不出来，就请同学为自己掏；有实在掏不出来的，就会去请一些"游医"掏取。她胆子小，怕出事，不敢请"游医"帮忙，就不顾面子来医院就诊。听着那位女大学生的哭诉，医生是又好气又好笑。

通过以上的例子，我们知道考试作弊不仅要承担巨大的心理负担，还要承担受到严惩、身体受损等危险。为一场考试，冒这样大的风险值得吗？考试作弊是聪明表现的论调，正是那些侥幸逃脱惩罚没有吃亏的人的论调。俗话说，常在河边走，没有不湿脚，这些作弊的伎俩，最终骗的也只是自己而已。

在美国，学校颁布的学生手册当中有明文规定，一旦有作弊、抄袭、欺诈的行为被发现，轻者是该门课程成绩以及总评成绩为零；情节严重者，立时予以退学。且无论情节轻重，一旦发现作弊都张榜公布。国家法律不仅不干涉学校的这种规定，同时也对考试作弊加以法律严惩。有些国家虽然没有把考试作弊纳入法律范畴，但是对考试作弊行为的打击和惩治也有一套切实可行的措施，如将考试作弊者记入其社会诚信档案等，使得作弊者终生受到舞弊带来的不良影响的制裁。

现在我们知道考试作弊不仅是违反道德、违反考试纪律的事，也是涉嫌违法犯罪的事情了。考试作弊不仅不是聪明的表现，而是一种愚蠢的以身试法的行为。所以，真正聪明的家长，应该把孩子培养成一个讲究诚信的人，才是对孩子最大的帮助。

遵守公共秩序就是遵守自己的原则

在日常的生活中，我们经常会看到这样的场景：带着孩子的家长站在马路边，左右看看，觉得路上行驶的车子离自己还很远，就不顾红灯，牵着孩子冲过马路；孩子吃完香蕉后，手中拿着香蕉皮，正东张西望找垃圾桶，家长却一把抢过香蕉皮，随手扔进草丛里；骑着电动车，让孩子坐在后座上，骑上机动车道，无视交规……我们不禁要问，这样的家长如何能为孩子树立好榜样呢？

其实，这本是大家都应该遵守的公共秩序，但一些家长却曲解秩序的意义，把秩序当成是一种绳索，一种束缚，不鼓励孩子遵守秩序，反而认为不遵守秩序是创造力的表现，这种说法明显是错误的，会对孩子产生误导作用。

秩序是什么呢？在汉语中，秩序，由"秩"和"序"组合而成。在古代，"秩"和"序"是两个字，和英文的 order 一样，都有"次序、常规"的含义。秩序又称有序，与混乱、无序相对应。因此在我们的生活中强调秩序，就是要将我们的行为划入有序、条理的范畴，以便社会生活正常运行。那种无视秩序的积极作用，甚至挑战秩序，认为不遵守秩序是创造力的表现的观点显然是错误的、站不住脚的，甚至是有害的。

周末的时候，陶陶的爸爸妈妈经常带他去超市购物。每次买完东西，妈妈都会把购物车或购物筐放到指定的地方。看到有的人把车子、筐顺手就扔下了，陶陶也让妈妈这样做。这时，妈妈就对陶陶说："我们这样做，并没费多少事，而且也是为了方便自己。你想，如果大家都把车子顺手一扔，走起路来就会很不方便，我们来购物的时候，还要到处去找车子，也不方便。超市可以安排人来做这件事情，但是一方面他们可能做不过来，另一方面做这样的事情的人多了，超市的成本就会增加，东西也就会贵一些了。我们顺手把它放回去了，并没费什么事，方便了自己，又方便了别人，这样的事，我们为什么不做呢？"

陶陶的妈妈在超市购物把购物车放到指定地点的行为教育了陶陶，使他认识到这是一种对他人的尊重，也是对自己的尊重，是遵守秩序的表现。

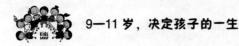

在公共场所，无论是在哪里，家长都应该培养孩子遵守公共秩序的良好行为习惯。例如，游览文物古迹时不乱涂乱画，在公园里要爱护环境卫生，不随地吐痰，不乱扔果皮纸屑，热爱公共卫生，遵守公共秩序，不大声喧哗、打闹，等等。遇到不好的行为习惯，要告诉孩子这是不对的。

实际上，在我们的日常生活中，处处都存在着秩序：乘车有先下后上的秩序，就诊有先来后到的秩序，就餐有排队的秩序，过马路有红灯停、绿灯行的秩序，公共场所有不随地吐痰、不乱扔东西的秩序，图书馆有保持安静、爱护书籍的秩序……正因为这些秩序的存在，我们纷繁复杂的生活才显得有条不紊、井然有序，而不是乱成一锅粥、一团麻。

总之，遵守公共秩序是公德心的体现，受益的则是广大公众，也包括我们自己。现代社会，遵守公共秩序也是一个人基本素质、涵养的体现，这些基本的规范，家长有必要让孩子从小接受教育，自觉遵守，形成习惯。因为公共规则的订立是为了社会更加良好有序地运行，作为社会一分子，每个人都要自觉地遵守，不能为了自己的方便而无视规则的存在。

附录

给家长们的 40 条建议

（1）对孩子提出的所有问题，都耐心、老实地做出回答。

（2）认真对待孩子提出的看法。

（3）竖一个陈列架，让孩子在上面充分展示自己的"作品"。

（4）不因为孩子房间里或者桌面上很乱而责骂他，只要这与他的学习有关。

（5）给孩子一个房间或者房间的一部分，供孩子玩耍。

（6）向孩子说明，他本身已经很可爱，用不着再刻意表现。

（7）让孩子做力所能及的事情。

（8）帮孩子制订个人计划和完成计划的方法。

（9）带孩子到他感兴趣的地方玩。

（10）帮助孩子修改作业。

（11）帮助孩子与来自不同社会文化阶层的孩子正常交往。

（12）家长养成合理的行为习惯并留心让孩子学着去做。

（13）从来不对孩子说他比别的孩子差。

（14）允许孩子参加家庭计划讨论和外出旅行。

（15）向孩子提供书籍和材料，让孩子干自己喜爱的事情。

（16）教孩子与各种年龄的成年人交往。

（17）定期为孩子读点东西。

（18）让孩子从小养成读书的习惯。

（19）鼓励孩子编故事和幻想。

（20）认真对待孩子的个人要求。

（21）每天都抽出时间和孩子单独在一起。

（22）不用辱骂来惩罚孩子。

（23）不能因孩子犯错误而戏弄他。

（24）表扬孩子背诗、讲故事和唱歌。

（25）让孩子独立思考问题。

（26）详细制订实验计划，帮助孩子了解更多的东西。

（27）允许孩子玩各种无毒废弃物。

（28）鼓励孩子发现问题、解决问题。

（29）在孩子干的事情中，不断寻找值得赞许的地方。

（30）不要空洞地或不真诚地表扬孩子。

（31）诚实地评价对孩子的感情。

（32）不存在家长和孩子完全不能讨论的问题。

（33）让孩子有机会真正做决定。

（34）帮助孩子成为有个性的人。

（35）帮助孩子寻找值得看的电视节目。

（36）发挥孩子积极认识自己的才干和能力。

（37）不对孩子的失败表示瞧不起，并对孩子说："我也不会干这个。"

（38）鼓励孩子尽量不依赖成年人。

（39）相信孩子的理智并信赖他。

（40）让孩子独立完成他所从事的工作的基本部分，哪怕不会有积极的结果。